ちからになる中国語

児野道子・鄭高咏

KINSEIDO

音声ファイル無料ダウンロード

http://www.kinsei-do.co.jp/download/0694

この教科書で  DL 00 の表示がある箇所の音声は、上記 URL または QR コードにて無料でダウンロードできます。自習用音声としてご活用ください。

- ▶ **PC からのダウンロードをお勧めします。**スマートフォンなどでダウンロードされる場合は、**ダウンロード前に「解凍アプリ」をインストール**してください。
- ▶ URL は、**検索ボックスではなくアドレスバー (URL 表示覧) に入力**してください。
- ▶ お使いのネットワーク環境によっては、ダウンロードできない場合があります。

◎ CD 00 左記の表示がある箇所の音声は、**教師用 CD** に収録されています。

はじめに

　これから中国語の勉強を始めようとする皆さん，このテキストは中国語の入門および初歩レベルの文法の基礎を把握し，またこのレベルでのコミュニケーション力をつけることを目標としています。

　現代中国語の漢字については，中華人民共和国成立後，文字改革によって簡略化された簡体字が多く使用されていますが，その意味については多くの部分が日本語から類推でき，学習に有利です。

　このテキストに出てくる構文はまだ単文が中心です。中国語の文法は日本語や欧米などの言語に比べてそれほど複雑ではありませんが，発音の方は日本と同様の漢字を使いながらも，日本語の発音からは類推が難しい「同字異音」です。そのため中国語の発音をマスターするには，ピンインというローマ字表記の発音記号によって一字ずつ覚えていくことになります。

　このテキストは発音のポイントの説明後，全13課あり，各課の構成は次のようになっています。

> 1．本文：会話文になっています。
> 2．語句：本文で使われている新出単語を列挙してあります。
> 3．ポイント＆ミニ練習：本文で出てきた基本的な文法事項や重要表現について，例文と即刻ミニ練習問題があります。
> 4．絵単語：イラストにより語彙を増やし，さらにそれらを使った練習問題です。
> 5．ドリル：この課で定着させたい単語や表現を，さらなる練習問題でより確かなものにします。
> 6．リスニング＆スピーキング（听听说说　tīngtingshuōshuo　ティンティンシュオシュオ）：最後に，音声を聴いて，つまりリスニングによる練習問題と，教室では近くの席の同学（tóngxué トンシュエ）とそれぞれのシーンを想定した会話をして（スピーキング），少しずつコミュニケーション力をつけていってください。

　このように，このテキストでは色々な形の練習問題をくりかえすことによって，学んだ知識をすばやく使ってコミュニケーション（沟通 gōutōng コウトン）できることを主眼として編集しました。

　教室で先生方にはこのテキストで不足している文型や表現，必要な単語などを随時補足して頂ければ幸いです。

　また巻末にこのテキストのミニ辞典をつけましたので，中日辞典などに利用してください。学習する皆さんは，テキストの勉強を基礎にして，自分でさらに放送などで中国語を聴いたり，生の中国語に接する機会を探して，一歩ずつがんばってください。そして中国文化や社会の理解につとめて，中国語圏の人たちとコミュニケーションの輪を広げていきましょう。加油！（Jiā yóu!　チア ヨウ）

　　　　　2015年1月

　　　　　　　　　　　　　　　　　　　　　　　　　　　　　　　　　　　　著　者

発音のポイント ……………………………………………………………… 06

第1課 自我介绍 ……………………………………… 自己紹介　11
▶ 自分の名前と学部を言うことができる・他の人を紹介できる

人称代名詞　　動詞"是"　　名前のたずね方・答え方　　一般動詞の文　　疑問詞"什么"
"的"の使い方

第2課 我 有 两 个 妹妹 ………………………… 妹が2人います　17
▶ 年齢・家族のことを言える・趣味について話せる

数字の言い方　　年齢の言い方　　副詞"也"と"都"　　"有"の構文　　"喜欢"

第3課 问 路 …………………………………………… 道をたずねる　23
▶ 道をたずねることができる・時刻を正確に言える

方位詞　　年月日・曜日と時刻の言い方　　時を表すことばの位置　　動詞"在"の構文
語気助詞"吧"

第4課 买 东 西 ………………………………………… 買物　29
▶ 買物ができる・金額が言える

指示代名詞　　助数詞　　形容詞述語文　　助動詞"想"　　助動詞"要"
疑問詞"几"と"多少"　　金額の言い方

第5課 打 工 …………………………………………… アルバイト　35
▶ アルバイトなど生活のようすを話せる

"有点儿"と"一点儿"　　程度補語　　"好好儿"

第6課 练习 开 车 ……………………………………… 車の運転を習う　41
▶ 自分の予定を話せる

二つの"了"　　助動詞"会"と"能"　　助動詞"打算"

第7課 打 电话 ………………………………………… 電話をかける　47
▶ 今現在の状況を話せる・待ち合わせ場所を言える

動作の進行を表す"在"　　前置詞"在"　　"快～了"　　"～，好吗？"　　電話番号の言い方

| 第8課 | 迪士尼乐园 | ディズニーランド | 53 |

▶ 過去の経験を話せる・相手を誘うことができる

経験を表す"过"　時間・回数　動詞の重ね型　連動文

| 第9課 | 有 进步 了！ | 進歩した！ | 59 |

▶ 相手をほめることができる・相手に頼むことができる

比較表現　前置詞"给"　動詞＋"一下"　簡単な方向補語

| 第10課 | 智能手机 | スマートフォン | 65 |

▶ 「～させてください」と頼める・相手を注意できる

使役形　助動詞"可以"　禁止表現　"太～了"

| 第11課 | 滑 雪 | スキー | 71 |

▶ 相手の意向をたずねることができる

結果補語　持続を表す"着"　選択疑問文　動詞＋"起来"

| 第12課 | 钱包 | 財布 | 77 |

▶ ものを紛失した時に対処できる

"把"の構文　可能補語"得"　"是～的"の構文　"从～到…"

| 第13課 | 考试 | 試験 | 83 |

▶ 事柄の理由を言える

受身形　理由の言い方　"跟～一样"

| 小词典 | ミニ辞典 | 89 |
| 音節表 | | 96 |

発音のポイント

1 一字一音節

一つの漢字は一つの音節で構成されています。音節には「母音」のみのものと，「子音＋母音」のものがあり，巻末の音節表にすべての音節が示されています。

2 ピンイン

発音記号は独特のローマ字表記ですから，まずこの発音記号をマスターしましょう。表記の細かい部分は徐々に慣れていきましょう。

3 声調

標準語では四つの声調があって発音記号には声調も併記します。声の高さには個人差がありますが，次の図を参考にして発音してみましょう。

第1声　ā　高く平らにのばす
第2声　á　パッと上がる
第3声　ǎ　出だしは低く
第4声　à　パッと下がる
軽　声　a　軽く短く（声調のないもの）

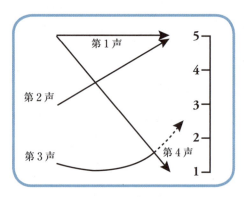

練習　Māma mà mǎ.
（妈妈　骂　马。）

4 単母音　漢字はかっこに入れる。

a　　　　　口を大きく開けて「ア」
o　　　　　唇をまるく突き出して「オ」
e　　　　　「エ」の口の形で「オ」
i (yi)　　　① 唇を横に引いて「イ」
　　　　　② そり舌音の後では，自然に「イ」
　　　　　③ z, c, s の後では，「イ」の口の形で「ウ」
u (wu)　　 唇をすぼめて突き出し，のどの奥から「ウ」
ü (yu, -u)　横笛を吹く時の口の形で「イ」
er　　　　 「ア」の後で舌を巻く　　　　　（　）内は母音のみの場合の表記

練習　(1) è　 (2) yī　 (3) wǔ　 (4) yú　 (5) èr　 (6) yì
　　　　（饿）　（一）　（五）　（鱼）　（二）　（亿）

5 重母音

ai　　ao

ou

ei

ia (ya)　　ie (ye)　　iao (yao)　　iou (you, -iu)

ua (wa)　　uo (wo)　　uai (wai)　　uei (wei, -ui)

üe (yue, -ue)

（　）内は母音のみの場合の表記
－は子音部分

練習 (1) ài　(2) yá　(3) yào　(4) yǒu　(5) wǒ　(6) yuè
　　　　（爱）（牙）（药）（有）（我）（月）

6 -n と -ng

-n ：舌を上あごにつけて「ン」の音をせき止める
　　　唇は半開きでよい

-ng：口を開けて息を鼻の方にぬく

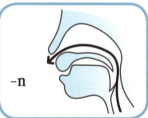

-n

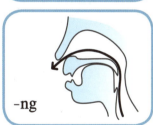

-ng

an – ang　　　en – eng　　　ong

*ian – iang　　in – ing　　iong　*イエン
 (yan)(yang)　(yin)(ying)　(yong)

uan – uang　　uen – ueng
(wan)(wang)　(wen,-un)(weng)

üan　　　　ün
(yuan,uan) (yun,-un)

（　）内は母音のみの場合の表記
－は子音部分

☆表記のルールは徐々に慣れていきましょう。

練習 (1) àn　(2) yán　(3) yáng　(4) wàn　(5) Wáng　(6) kàn bìng
　　　　（按）（盐）（羊）（万）（王）（看病）

発音のポイント

7 子音

標準語には21の子音があります。

	無気音	有気音			
唇音	b	p	m		(o)
唇歯音				f	(o)
舌先音	d	t	n	l	(e)
後舌音	g	k	h		(e)
舌面音	j (チ)	q (ち)	x (シ)		(i—①)
そり舌音	zh	ch	sh	r	(i—②)
舌歯音	z (ツ)	c (つ)	s (ス)		(i—③)

f と l　　英語の発音と同じ
h　　　　のどの奥から鳴らすように発音する

欄外の（ ）内は子音練習用母音
（i—①②③）は単母音の項を参照

練習
(1) fēng（风）　(2) nǐ（你）　(3) lái（来）　(4) hǎo（好）　(5) xiào（笑）　(6) sì（四）
(7) Xīhú（西湖）　(8) Luómǎ（罗马）　(9) mìngyùn（命运）　(10) límǐ（厘米）　(11) hóngsè（红色）

8 そり舌音

舌先をそり上げるようにして発音します。日本語や英語にない音です。

zh と sh
舌先を上あごに軽くつけて，離しながら音を出す

sh と r
舌先を上あごに近づけて音を出す

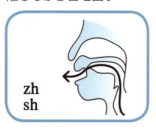
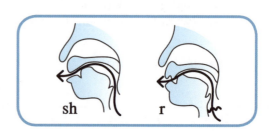

練習
(1) zhū（猪）　(2) chá（茶）　(3) shùnlì（顺利）　(4) rè（热）　(5) shítou（石头）
(6) chūzhōng（初中）　(7) zhōngyào（中药）　(8) Shànghǎi（上海）　(9) Sìchuān（四川）　(10) gǔlǎoròu（古老肉）

9　有気音と無気音

有気音　　息をパッと出す

無気音　　息をそっと出す

子音表の6セットの有気音と無気音を，口の前に紙を持って練習してみましょう。
有気音は紙が動き，無気音は紙が動かないように発音できましたか？
ローマ字の連想から<u>無気音が濁音にならないように</u>注意しましょう。

DL 12
CD 1-12

練習
(1) bà （爸）　(2) pǎo （跑）　(3) duì （对）　(4) tāng （汤）　(5) gēge （哥哥）　(6) kuài （快）

(7) jī （鸡）　(8) qī （七）　(9) zǎo （早）　(10) cài （菜）　(11) gān bēi （干杯）　(12) cèsuǒ （厕所）

学習用テキストでは単語を「分ち書き」する。

10　声調符号の位置

・母音の上につける

・重母音の場合は，

　① aがあればaの上に　　　　dàjiā（大家）
　② aがなければ，eかoの上に　shēnghuó（生活）
　③ i, uが並べば後ろの方に　　jiǔ（酒）　duì（对）

なお，iにつける時は上の点をとって，nī, ní, nǐ, nì のようにつける。

11　声調の変化

録音を聴いて発音してみましょう。

DL 13
CD 1-13

❶　第3声＋第3声　→　**第2声**＋第3声

你　好！　　　很　好　　　洗　脸　　　表　姐
Nǐ　hǎo!　　　hěn　hǎo　　xǐ　liǎn　　biǎojiě

DL 14
CD 1-14

❷　第3声＋第1声・第2声・第4声　→　＊**半3声**＋第1声・第2声・第4声

北京　　　五十　　　请　坐！
Běijīng　　wǔshí　　Qǐng zuò!

＊初めに示した第3声の実線部分

発音のポイント

❸ 不 bù

bù ＋第4声 → **bú** ＋第4声

不要　　不对　　不见　不散
bú yào　bú duì　bú jiàn　bú sàn

❹ 一 yī

(1) yī ＋第4声 → **yí** ＋第4声

一定　　一样
yídìng　yíyàng

(2) yī ＋第1声・第2声・第3声 → **yì** ＋第1声・第2声・第3声

一　千　　一起
yì　qiān　yìqǐ

このテキストでは❸❹の場合声調記号の表記は変調後のものにした。

12　儿化（アル）

名詞などの末尾に，舌をそり上げて発音する"r"をつけることがある。その場合"r"の前の n, ng, i などはサイレントになる。

花儿　　玩儿　　空儿
huār　　wánr　　kòngr

――― あいさつの言葉 ―――

欢迎，　欢迎！　　　再见！
Huānyíng, huānyíng!　Zàijiàn!

好　久　没　见！　　慢　走！
Hǎo jiǔ méi jiàn!　　Màn zǒu!

――― 発音してみよう ―――

☆学習の途中でピンインをマスターするまでは，この発音ページでくり返し確認しましょう。

第 1 课 dì yī kè 自我介绍 zìwǒjièshào

達成目標 Check
☑ 自分の名前と学部を言うことができる
☑ 他の人を紹介できる

张 Zhāng：你好！我叫张香香。
Nǐ hǎo! Wǒ jiào Zhāng Xiāngxiāng.
请问，你叫什么名字？
Qǐngwèn, nǐ jiào shénme míngzi?

林 Lín：你好！我姓林，我叫林太一。
Nǐ hǎo! Wǒ xìng Lín, wǒ jiào Lín Tàiyī.
我是日本人。
Wǒ shì Rìběnrén.

张：我是中国人。我的专业是经营。
Wǒ shì Zhōngguórén. Wǒ de zhuānyè shì jīngyíng.
你呢？
Nǐ ne?

林：我学习法律。
Wǒ xuéxí fǎlǜ.
我的专业是法律。
Wǒ de zhuānyè shì fǎlǜ.

語句

- 自我介绍 zìwǒjièshào　自己紹介
- 你好！Nǐ hǎo!　こんにちは
- 你 nǐ　あなた，きみ
- 好 hǎo　よい，元気だ，ちゃんと（〜する）
- 我 wǒ　わたし，ぼく
- 叫 jiào　〜という（名前）
- 张 香香 Zhāng Xiāngxiāng　中国人の名前
- 请问 qǐngwèn　おたずねします
- 什么 shénme　なに，どんな
- 名字 míngzi　名前（フルネームまたはファーストネーム）
- 姓 xìng　〜という（名字）
- 林 太一 Lín Tàiyī　日本人の名前
- 是 shì　〜です，〜である
- 日本人 Rìběnrén　日本人
- 中国人 Zhōngguórén　中国人
- 的 de　〜の
- 专业 zhuānyè　専攻，専門
- 经营 jīngyíng　経営
- 呢？ne?　〜は？
- 学习 xuéxí　勉強する，学習する
- 法律 fǎlǜ　法律

ポイント & ミニ練習 1

1 人称代名詞

	単数形		複数形	
一人称	我（わたし，ぼく）wǒ		我们（私たち）wǒmen	咱们（私たち,相手を含む）zánmen
二人称	你（あなた）nǐ	您（二人称の敬語）nín	你们（あなたたち）nǐmen	
三人称	他（彼）tā	她（彼女）tā	他们（彼ら）tāmen	她们（彼女たち）tāmen

2 "是 shì" の構文　主語＋是＋名詞　～だ，～です，～である

我　是　日本人。　　　否定形：我　不　是　日本人。
Wǒ　shì　Rìběnrén.　　　　　　　Wǒ　bú　shì　Rìběnrén.

2種の疑問形：　中国語の疑問文には**疑問符**が必要

① 你　是　中国人　吗？　　② 你　是　不　是　中国人？
　 Nǐ　shì　Zhōngguórén ma?　　　Nǐ　shì　bú　shì　Zhōngguórén?

ミニ練習 次の文を疑問形に直した後，否定形で答えよう。

(1) 她　是　日本人。　問 _____?
　　Tā　shì　Rìběnrén.　答 _____。

(2) 你　是　中国人。　問 _____?
　　Nǐ　shì　Zhōngguórén.　答 _____。

3 名前のたずね方・答え方

您　*贵　姓？　→　我　姓　林。　　　＊どちら様，お名前は？
Nín　guì　xìng?　　Wǒ　xìng　Lín.

你　叫　什么　名字？　→　我　姓　林，我　叫　林　太一。
Nǐ　jiào　shénme　míngzi?　　Wǒ　xìng　Lín,　wǒ　jiào　Lín　Tàiyī.

ミニ練習 自分の名前を中国語で言えるようにしよう。

A: 你　叫　什么　名字？
　 Nǐ　jiào　shénme　míngzi?

B: 我 姓 _____, 我 叫 _____。
　　Wǒ xìng　　　　　, wǒ jiào　　　　　　．

4 一般動詞の文　　主語 + **動詞** + 目的語 ································

我　学习　法律。　　否定形：我　**不**　学习　法律。
Wǒ　xuéxí　fǎlǜ.　　　　　　　Wǒ　bù　xuéxí　fǎlǜ.

2種の疑問形：

① 你　学习　法律　**吗**？　　② 你　学习　**不**　学习　法律？
　Nǐ　xuéxí　fǎlǜ　ma?　　　　　Nǐ　xuéxí　bù　xuéxí　fǎlǜ?

> **ミニ練習** ▶ 次の文を疑問形に直した後，否定形で答えよう。

他　学习　经营。　　問 _____?
Tā　xuéxí　jīngyíng.　答 _____。

5 疑問詞 "什么 shénme"　　なに，何の，どんな ································

疑問詞はたずねたいことばの**平叙文の場合の位置と同じ位置**に置く

你　叫　**什么**　名字？　　　你　学习　**什么**？
Nǐ　jiào　shénme　míngzi?　　Nǐ　xuéxí　shénme?

她　是　**谁**？
Tā　shì　shéi?

> **ミニ練習** ▶ 次の下線部を問う疑問文を書こう。

他　学习　法律。　　_____?
Tā　xuéxí　fǎlǜ.

6 "的 de" の使い方　　日本語の「の」にあたる ································

我　**的**　专业
wǒ　de　zhuānyè

"的" を省略できる場合：

1. 親族などを言う場合　　我 *朋友　　她 **老公　　*友達 **夫
　　　　　　　　　　　　wǒ péngyou　tā lǎogōng

2. 所属を表す場合　　　　我们 大学　　你们 *公司　　*会社
　　　　　　　　　　　　wǒmen dàxué　nǐmen gōngsī

第1课

絵単語 1

 ❶ 絵を見ながら録音を聴いて，下に掲げた a～h の記号を書き入れよう。

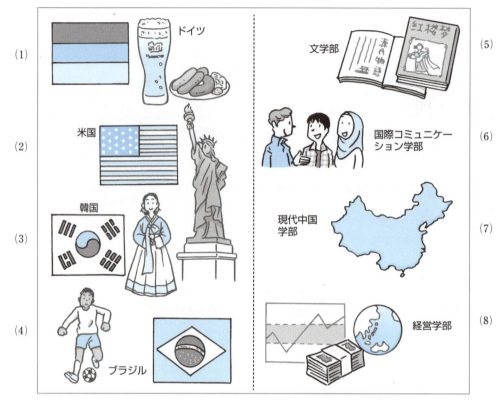

- a　美国　Měiguó
- b　韩国　Hánguó
- c　德国　Déguó
- d　巴西　Bāxī
- e　经营系　jīngyíngxì
- f　文学系　wénxuéxì
- g　国际交流系　guójìjiāoliúxì
- h　现代中国系　xiàndàiZhōngguóxì

❷ ❶の単語を参考にしながら録音を聴いて，空欄に日本語訳を書き入れよう。

(1) わたしは ＿＿＿＿＿＿ 人です。

(2) 彼は ＿＿＿＿＿＿ ではないです。

(3) わたしは ＿＿＿＿＿＿ 学部の学生です。

(4) 彼女はブラジルの ＿＿＿＿＿＿ ではないです。

ドリル1

1 次のピンインを漢字に直し，日本語に訳そう。

(1) Nǐ hǎo!　→　漢字 _____　訳 _____

(2) qǐngwèn　→　漢字 _____　訳 _____

(3) shénme　→　漢字 _____　訳 _____

2 次の漢字のピンインを書こう。

(1) 名字　_____

(2) 日本　_____

(3) 专业　_____

3 次の文を日本語に訳そう。

(1) Nǐ jiào shénme míngzi?　_____

(2) Nǐ de zhuānyè shì shénme?　_____

(3) Nǐ shì Zhōngguórén ma?　_____

4 空欄を埋めて，簡単な自己紹介文を作ってみよう。

你 好！ 我 姓_____，我 叫_____。
Nǐ hǎo! Wǒ xìng　　　　　　, wǒ jiào　　　　　　.

我 的 专业 是_____。
Wǒ de zhuānyè shì　　　　　　.

リスニング&スピーキング1

1 録音を聴いて，読まれた順に番号をふろう。

Nǐ hǎo!　　　qǐngwèn　　　Rìběnrén　　　fǎlǜ

(　　)　　　(　　)　　　(　　)　　　(　　)

2 録音を聴いて，空欄を埋めよう。

(1) _____ 是　韩国人。
　　　　shì　Hánguórén.

(2) 我们 _____ 日本人。
　　Wǒmen　　　　Rìběnrén.

(3) 你 _____ 什么 _____ ?
　　Nǐ　　　shénme　　　?

3 次の文を見ながら録音を聴いて，ふさわしい方の応答を選ぼう。

(1) 我　姓　张。你　呢？　　　A　　B
　　Wǒ　xìng　Zhāng. Nǐ　ne?

(2) 我　叫　张　香香。　　　A　　B
　　Wǒ　jiào Zhāng Xiāngxiāng.

(3) 我　的　专业　是　*电脑。　　A　　B
　　Wǒ　de　zhuānyè　shì　diànnǎo.
　　　　　　　　　　　　　　*コンピュータ，ここでは情報学科

4 次の文を参考にして，近くの席の人とお互いに簡単な自己紹介をしてから，その人を紹介する練習もしてみよう。

我　姓 _____, 我　叫 _____。我　的　专业　是 _____。
Wǒ　xìng　　　, wǒ　jiào　　　　. Wǒ　de　zhuānyè　shì　　　　.

他／她　姓 _____, 他／她　叫 _____。
Tā　xìng　　　, tā　jiào　　　　.

他／她　的　专业　是 _____。
Tā　de　zhuānyè　shì　　　　.

第2课 dì èr kè

我有两个妹妹。
Wǒ yǒu liǎng gè mèimei.

達成目標 Check
☑ 年齢・家族のことを言える
☑ 趣味について話せる

林 Lín 　我 有 两 个 妹妹。
　　　　Wǒ yǒu liǎng gè mèimei.

　　　　她们 都 是 高中生。
　　　　Tāmen dōu shì gāozhōngshēng.

张 Zhāng 我 有 一 个 弟弟。
　　　　Wǒ yǒu yí gè dìdi.

　　　　今年 十九 岁。他 也 是 大学生。
　　　　Jīnnián shíjiǔ suì. Tā yě shì dàxuéshēng.

　　　　我 父亲 和 母亲 都 是 老师。
　　　　Wǒ fùqīn hé mǔqīn dōu shì lǎoshī.

林 　　　我 喜欢 打 棒球。
　　　　Wǒ xǐhuan dǎ bàngqiú.

张 　　　我 喜欢 打 网球。
　　　　Wǒ xǐhuan dǎ wǎngqiú.

語句

- 有 yǒu　　持っている，ある，いる
- 两 liǎng　　ふたつ，2個，2人
- 个 gè　　～個，～人など
- 妹妹 mèimei　　妹
- 都 dōu　　みな，みんな
- 高中生 gāozhōngshēng　　高校生
- 弟弟 dìdi　　弟
- 今年 jīnnián　　今年
- 十九 shíjiǔ　　19
- 岁 suì　　～歳
- 也 yě　　～も
- 大学生 dàxuéshēng　　大学生
- 父亲 fùqīn　　父
- 和 hé　　～と
- 母亲 mǔqīn　　母
- 老师 lǎoshī　　先生
- 喜欢 xǐhuan　　好きである
- 打 dǎ　　（球技などを）する
- 棒球 bàngqiú　　野球
- 网球 wǎngqiú　　テニス

ポイント & ミニ練習 2

1 数字の言い方

| 1 yī | 2 èr | 3 sān | 4 sì | 5 wǔ | 6 liù | 7 qī | 8 bā | 9 jiǔ | 10 shí |

| 11 shíyī | 21 èrshíyī | 30 sānshí | 68 liùshíbā | 一百 yì bǎi | 一千 yì qiān | 一万 yí wàn |

ミニ練習 1から10まで暗記しよう。

2 年齢の言い方　　年齢などを言う場合は，"是 shì"が省略される

今年　十八　岁。
Jīnnián shíbā suì.

他　41　岁。
Tā sìshíyī suì.

ミニ練習 自分の年齢を言ってみよう。

我　今年　＿＿＿＿＿＿　岁。
Wǒ jīnnián　　　　　suì.

3 副詞 "也 yě" と "都 dōu"　　中国語では副詞はふつう動詞や形容詞の前に置く

我　也　是　日本人。
Wǒ yě shì Rìběnrén.

他们　都　是　大学生。
Tāmen dōu shì dàxuéshēng.

ミニ練習 かっこの中の副詞を文中の正しい位置に入れて文を完成させ，日本語に訳そう。

(1) 她　有　妹妹。(也)　→ ＿＿＿＿＿＿＿＿＿＿＿＿＿＿＿。
　　Tā yǒu mèimei.
　　　　　　　　　　　　　　訳 ＿＿＿＿＿＿＿＿＿＿＿＿＿＿＿。

(2) 他们　是　老师。(都)　→ ＿＿＿＿＿＿＿＿＿＿＿＿＿＿＿。
　　Tāmen shì lǎoshī.
　　　　　　　　　　　　　　訳 ＿＿＿＿＿＿＿＿＿＿＿＿＿＿＿。

4　"有 yǒu" の構文　　主語 ＋ 有 ＋ もの・人　　持っている，いる，ある ……

我　有　一　个　弟弟。
Wǒ　yǒu　yí　gè　dìdi.

否定形：没　有
　　　　méi　yǒu

他们　大学　没　有　*巴西人。　　　　　　　　　　　　＊ブラジル人
Tāmen　dàxué　méi　yǒu　Bāxīrén.

　　　場所を表すことばが文頭の場合は「～に…がある／いる」と訳す

疑問形は2種：

① 你　有　妹妹　吗？　　　　　② 你　有　没　有　妹妹？
　 Nǐ　yǒu　mèimei　ma?　　　　　 Nǐ　yǒu　méi　yǒu　mèimei?

　　ミニ練習　次の文を疑問形と否定形に直そう。

他　有　*哥哥。　　　　　　　　　　　　　　　　　　　　　　＊兄
Tā　yǒu　gēge.

疑問形 ① _____？

疑問形 ② _____？

否定形　 _____。

5　"喜欢 xǐhuan" ＋ 代名詞・名詞　　～が好き
　　　 "喜欢 xǐhuan" ＋ 動詞句　　　　～するのが好きだ ……

我　喜欢　她。
Wǒ　xǐhuan　tā.

否定形：

我　不　喜欢　打　网球。
Wǒ　bù　xǐhuan　dǎ　wǎngqiú.

　　ミニ練習　空欄に自分の好きな人を入れて言ってみよう。

我　喜欢 _____。
Wǒ　xǐhuan

絵単語 2

❶ 絵を見ながら録音を聴いて，単語を覚えよう。

どれかな？　線でむすんでみよう。

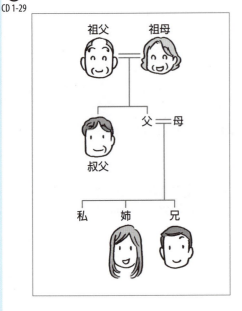

兄　・　　　・姐姐　jiějie

姉　・　　　・叔叔　shūshu

（父方）祖父　・　　　・哥哥　gēge

（父方）祖母　・　　　・爷爷　yéye

（父の弟）叔父　・　　　・奶奶　nǎinai

❷ 絵を見ながら録音を聴いて，V+O の組み合わせを覚えよう。

どれかな？　線でむすんでみよう。

サッカーをする・　　　・看 电影　kàn diànyǐng

音楽を聴く　・　　　・喝 咖啡　hē kāfēi

映画を見る　・　　　・踢 足球　tī zúqiú

コーヒーを飲む・　　　・听 音乐　tīng yīnyuè

20

1 次のピンインを漢字に直し，日本語に訳そう。

(1) fùqīn → 漢字 _____ 訳 _____

(2) mǔqīn → 漢字 _____ 訳 _____

(3) lǎoshī → 漢字 _____ 訳 _____

2 次の漢字のピンインを書こう。

(1) 今年　_____

(2) 棒球　_____

(3) 足球　_____

3 次の文を日本語に訳そう。

(1) Wǒ yǒu jiějie.　_____。

(2) Tā méi yǒu dìdi.　_____。

(3) Tāmen dōu shì gāozhōngshēng.　_____。

4 空欄を埋めて，もう少し詳しい自己紹介をしてみよう。

我　今年 _____ 岁。我　有 _____。我　没　有 _____。
Wǒ　jīnnián　　　suì.　Wǒ　yǒu　　　　　　.　Wǒ　méi　yǒu　　　　　　.

我　是 _____ 大学　的　学生。我　喜欢 _____。
Wǒ　shì　　　　　　dàxué　de　xuésheng. Wǒ　xǐhuan　　　　　　.

第2课

リスニング&スピーキング2

1 録音を聴いて、読まれた順に番号をふろう。

mèimei　　　　dàxuéshēng　　　　gāozhōngshēng　　　　gēge

(　　)　　　　　(　　)　　　　　(　　)　　　　　(　　)

2 録音を聴いて、空欄を埋めよう。

(1) 我 _____ 两 个 弟弟。
　　Wǒ　　　　 liǎng gè dìdi.

(2) 她 _____ 听 音乐。
　　Tā　　　　 tīng yīnyuè.

(3) 你 今年 _____ 岁，*对 吗？　　　　　＊对 duì 正しい，合っている
　　Nǐ jīnnián　　　　 suì, duì ma?

3 録音を聴いて、質問文にふさわしい答えを選ぼう。

(1) 你 有 没 有 *词典？　　　　　A　　　　B　　　　＊辞書
　　Nǐ yǒu méi yǒu cídiǎn?

(2) 我 是 大学生，你 呢？　　　　A　　　　B
　　Wǒ shì dàxuéshēng, nǐ ne?

(3) 你 喜欢 你 的 专业 吗？　　　　A　　　　B
　　Nǐ xǐhuan nǐ de zhuānyè ma?

4 次の日本語を参考にして、近くの席の人とお互いの趣味について中国語で会話してみよう。

A：わたしは _____（をするの）が好きです。
　　あなたは何（をするの）が好きですか。

B：わたしは _____（をするの）が好きです。

第 3 课 问 路
dì sān kè　wèn lù

達成目標 Check
☑ 道をたずねることができる
☑ 時刻を正確に言える

张　邮局　在　哪儿？
Zhāng　Yóujú　zài　nǎr?

林　在　前面　银行　的　后边儿。
Lín　Zài　qiánmian　yínháng　de　hòubianr.

　　你　一直　走　吧。
　　Nǐ　yìzhí　zǒu　ba.

张　多谢！邮局　几　点　关　门？
　　Duōxiè!　Yóujú　jǐ　diǎn　guān　mén?

林　五　点　关　门。
　　Wǔ　diǎn　guān　mén.

　　现在　差　一　刻　五　点。
　　Xiànzài　chà　yí　kè　wǔ　diǎn.

张　那　我　赶紧　去　吧。
　　Nà　wǒ　gǎnjǐn　qù　ba.

語句

- 问 wèn　たずねる
- 路 lù　道
- 邮局 yóujú　郵便局
- 在 zài　～にある，～にいる
- 哪儿 nǎr　どこ
- 前面 qiánmiàn　前
- 银行 yínháng　銀行
- 后边儿 hòubianr　後ろ
- 一直 yìzhí　まっすぐ
- 走 zǒu　歩く，行く
- 吧 ba　～しなさい，～しよう，～でしょう
- 多谢 duōxiè　ありがとう
- 几 jǐ　いくつ（10 ぐらいまでの数）
- 点 diǎn　～時（じ）
- 关门 guān mén　閉まる，閉店する
- 现在 xiànzài　今
- 差 chà　差がある，劣っている
- 一刻 yí kè　15分
- 那 nà　それでは，あれ
- 赶紧 gǎnjǐn　急いで
- 去 qù　行く

ポイント & ミニ練習 3

1 方位詞

前面（前边儿） ⟷ 后面（后边儿）　　左边儿 ⟷ 右边儿　　旁边儿
qiánmiàn (qiánbianr)　　hòumiàn (hòubianr)　　zuǒbianr　yòubianr　　pángbiānr

东　　南　　西　　北　　　东边儿　　　南边儿　　　西边儿　　　北边儿
dōng　nán　xī　běi　　dōngbianr　nánbianr　xībianr　běibianr

ミニ練習 東西南北の中国語の発音を覚えよう。

2 年月日・曜日と時刻の言い方　　時を表す構文は "是 shì" を省略できる

年月日

2015　　年　　2　　月　　2　　号
èrlíngyīwǔ　nián　èr　yuè　èr　hào

2018　　年　　12　　月　　28　　号
èrlíngyībā　nián　shí'èr　yuè　èrshíbā　hào

*今天（是）　几　月　几　号？　　　　　　　　　　　　　　　　　　*今日
Jīntiān (shì)　jǐ　yuè　jǐ　hào?

曜日

星期一　　星期二　　星期三　　星期四　　星期五　　星期六
xīngqīyī　xīngqī'èr　xīngqīsān　xīngqīsì　xīngqīwǔ　xīngqīliù

星期日　・　星期天　・　礼拜天
xīngqīrì　　xīngqītiān　　lǐbàitiān

今天　星期　几？
Jīntiān　xīngqī　jǐ?

時刻

八　点　　　八　点　十　分　　　八　点　一　刻　　　八　点　十五　分
bā　diǎn　　bā　diǎn　shí　fēn　　bā　diǎn　yí　kè　　bā　diǎn　shíwǔ　fēn

八　点　半　　　八　点　三十　分　　　差　五　分　八　点
bā　diǎn　bàn　　bā　diǎn　sānshí　fēn　　chà　wǔ　fēn　bā　diǎn

ミニ練習 今日の日にち・曜日を言ってみよう。

今天　是 _____ 年 _____ 月 _____ 号。
Jīntiān　shì　　　　nián　　　　yuè　　　　hào.

今天　是　星期 _____ 。
Jīntiān　shì　xīngqī　　　　.

3 時を表すことばの位置 中国語でも日本語と同様に時を表すことばは **動詞より前に置く**

我 星期一 去 銀行。　　她 六 点 打 网球。
Wǒ xīngqīyī qù yínháng.　　Tā liù diǎn dǎ wǎngqiú.

ミニ練習 かっこの中の時を表すことばを入れて文を完成させよう。

他 打 棒球。（星期天）　→ _____。
Tā dǎ bàngqiú. (xīngqītiān)

4 動詞 "在 zài" の構文　主語＋在＋場所　～にいる，～にある

他 在 大学。
Tā zài dàxué.

否定形：邮局 不 在 银行 *的 后边儿。　　*"的"は省略できる。
　　　　Yóujú bú zài yínháng de hòubianr.

疑問形：① 你 在 家 吗？　　② 你 在 不 在 家？
　　　　　 Nǐ zài jiā ma?　　　　 Nǐ zài bú zài jiā?

疑問詞疑問文：她 在 哪儿？
　　　　　　　 Tā zài nǎr?

ミニ練習 自分の今現在の居場所を言ってみよう。

我 现在 在 _____，不 在 _____。
Wǒ xiànzài zài　　　　　, bú zài　　　　　.

5 語気助詞 "吧 ba"　文末に置いて命令，勧誘，推量などを表す
　　　　　　　　　　～しなさい，～しましょう，～でしょう

你 看 吧。（命令）　　我们 听 音乐 吧。（勧誘）
Nǐ kàn ba.　　　　　　Wǒmen tīng yīnyuè ba.

你 是 中国人 吧？（推量疑問）
Nǐ shì Zhōngguórén ba?

ミニ練習 次の中国語を訳してみよう。

(1) 你 听 吧。　　　訳 _____。
　　Nǐ tīng ba.

(2) 我们 喝 咖啡 吧。　訳 _____。
　　Wǒmen hē kāfēi ba.

(3) 你 在 大学 吧？　訳 _____？
　　Nǐ zài dàxué ba?

絵単語 3

❶ 次のキャンパスマップを見ながら録音を聴いて，単語を覚えよう。

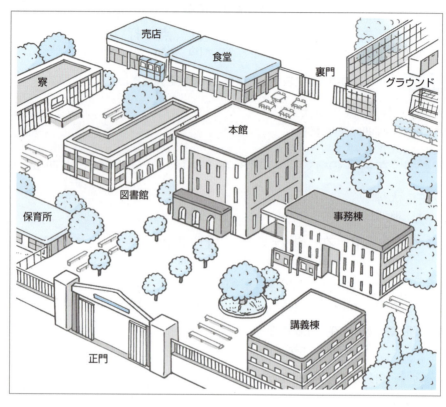

主楼 zhǔlóu　　办公楼 bàngōnglóu　　教学楼 jiàoxuélóu　　图书馆 túshūguǎn

小卖部 xiǎomàibù　　食堂 shítáng　　操场 cāochǎng　　宿舍 sùshè

托儿所 tuō'érsuǒ　　校门 xiàomén　　后门 hòumén

❷ 録音を聴いて，❶の単語を参考にして，次の空欄を埋めよう。

A：＿＿＿＿＿＿ 在　哪儿？
　　　　　　　　zài　nǎr?

B：＿＿＿＿＿＿ 在 ＿＿＿＿＿＿ 的　后边儿。
　　　　　　　　zài　　　　　　　　de　hòubianr.

A：＿＿＿＿＿＿ 在　哪儿？
　　　　　　　　zài　nǎr?

B：在 ＿＿＿＿＿＿ 的　右边儿。
　　Zài　　　　　　de　yòubianr.

ドリル 3

1 次のピンインを漢字に直し，日本語に訳そう。

(1) xiǎomàibù → 漢字 _____ 訳 _____

(2) guān mén → 漢字 _____ 訳 _____

(3) gǎnjǐn → 漢字 _____ 訳 _____

2 次の漢字のピンインを書こう。

(1) 银行 _____

(2) 今天 _____

(3) 六 点 _____

3 次のピンインを漢字に直し，日本語に訳そう。

(1) Jīntiān shì xīngqīwǔ. → 漢字 _____ 。
　　　　　　　　　　　　　　 訳 _____ 。

(2) Wǒ bā diǎn qù gōngsī. → 漢字 _____ 。
　　　　　　　　　　　　　　 訳 _____ 。

(3) Yínháng jǐ diǎn guān mén? → 漢字 _____ ？
　　　　　　　　　　　　　　　　 訳 _____ 。

4 空欄を埋めて，文を完成させよう。

我 ¹早上 _____ 点 ²起 床， _____ 点 去 大学。
Wǒ zǎoshang　　　diǎn qǐ chuáng,　　　diǎn qù dàxué.

星期 _____ ³打 工。⁴晚上 _____ 点 ⁵回 家。
Xīngqī　　　　dǎ gōng. Wǎnshang　　　diǎn huí jiā.

星期天 在 家。
Xīngqītiān zài jiā.

1 朝　2 起きる　3 アルバイトする　4 夜　5 帰宅する

第 3 课

リスニング＆スピーキング３

1 録音を聴いて，読まれた順に番号をふろう。

shítáng	xīngqīliù	liǎng diǎn	wǔ diǎn bàn

(　　)	(　　)	(　　)	(　　)

2 録音を聴いて空欄を埋め，文を完成させよう。

(1) 现在　是　晚上　_____ 。
　　Xiànzài　shì　wǎnshang 　　　　　 .

(2) 我们　一直　_____ 吧。
　　Wǒmen　yìzhí　　　　　 ba.

(3) 他　的　*生日　是　_____ 。 　　＊誕生日
　　Tā　de　shēngrì　shì 　　　　　 .

3 録音を聴いて，質問文にふさわしい答えを選ぼう。

(1) 你　现在　在　哪儿？　　A　　B
　　Nǐ　xiànzài　zài　nǎr?

(2) 你　几　点　去　食堂？　　A　　B
　　Nǐ　jǐ　diǎn　qù　shítáng?

(3) 你　星期几　打　工？　　A　　B
　　Nǐ　xīngqījǐ　dǎ　gōng?

4 近くの席の人とお互いに中国語で道をたずねてみよう。

A：请问，_____ 在　哪儿？
　　Qǐngwèn,　　　　　 zài　nǎr?

B：在 _____ 。
　　Zài 　　　　　 .

第4课 dì sì kè 买 东西 mǎi dōngxi

達成目標 Check
☑ 買物ができる
☑ 金額が言える

DL 43
CD 1-43

张 Zhāng： 我 想 买 日本茶。
Wǒ xiǎng mǎi Rìběnchá.

这 种 茶 怎么样？
Zhèi zhǒng chá zěnmeyàng?

售货员 shòuhuòyuán： 很 好。又 好喝 又 便宜。
Hěn hǎo. Yòu hǎohē yòu piányi.

张： 多少 钱？
Duōshao qián?

售货员： 一 千 日元。
Yì qiān rìyuán.

张： 我 要 买 两 包。对不起，我 没 有 零钱。
Wǒ yào mǎi liǎng bāo. Duìbuqǐ, wǒ méi yǒu língqián.

售货员： 没 关系，我 找 您。
Méi guānxi, wǒ zhǎo nín.

DL 42
CD 1-42

語句

☐ 买 mǎi　　　　　　買う
☐ 东西 dōngxi　　　　もの，品物
　　　　　　　　　　买 东西：買物をする
☐ 售货员 shòuhuòyuán　店員，販売員
☐ 想 xiǎng　　　　　　〜したい
☐ 茶 chá　　　　　　　お茶
☐ 这 zhè　　　　　　　これ
☐ 种 zhǒng　　　　　　種類
☐ 怎么样 zěnmeyàng　　どうですか
☐ 很 hěn　　　　　　　とても
☐ 好 hǎo　　　　　　　よい
☐ 又〜又… yòu~yòu…　〜でもあり…でもある

☐ 好喝 hǎohē　　　　（飲物が）おいしい
☐ 便宜 piányi　　　　安い（⟷ 贵 guì）
☐ 多少 钱？duōshao qián?　いくらですか
☐ 日元 rìyuán　　　　日本円
☐ 要 yào　　　　　　〜しようと思う，
　　　　　　　　　　〜する予定だ，
　　　　　　　　　　〜しなければならない
☐ 包 bāo　　　　　　〜袋，〜パック
☐ 对不起 duìbuqǐ　　すみません（謝ることば）
☐ 零钱 língqián　　　こぜに
☐ 没 关系 méi guānxi　かまいません
☐ 找 zhǎo　　　　　　（おつりを）出す，さがす

ポイント&ミニ練習 4

1 指示代名詞　これ　あれ　どれ

这	这个	那	那个	哪个
zhè	zhèi (zhè)ge	nà	nèi (nà)ge	něi (nǎ)ge

ミニ練習 次のピンインの単語を漢字で書こう。

zhèige _____　　nèige _____　　něige _____

2 助数詞　名詞を数える時に使う

一 **本** 书　　　　　两 **个** 人　　　　　四 **只** 大熊猫
yì běn shū　　　liǎng gè rén　　　sì zhī dàxióngmāo

这 **种** 茶　　　　　那 **件** 衣服　　　　这 **条** 鱼
zhèi zhǒng chá　　nèi jiàn yīfu　　　zhèi tiáo yú

3 形容詞述語文　主語 + 形容詞　～は（どのよう）だ

这个 *很 好喝。　　　　　　　　　*"很"は必ずしも「とても」の意味をもたない
Zhèige hěn hǎohē.

否定形：这个 **不** 便宜。　　这个 *不 太 好。　　　*あまり～でない
　　　　Zhèige bù piányi.　　Zhèige bú tài hǎo.

疑問形：① 那个 好 吗？　　② 那个 好 不 好？
　　　　Nèige hǎo ma?　　　Nèige hǎo bù hǎo?

疑問詞疑問文：哪个 好？
　　　　　　　Něige hǎo?

形容詞の連体修飾語としての用法：　好 *书　　　　　*本
　　　　　　　　　　　　　　　　 hǎo shū

ミニ練習 次の文を疑問形と否定形に改めよう。

这 种 茶 很 便宜。　疑問形 _____?
Zhèi zhǒng chá hěn piányi.　否定形 _____。

4 助動詞 "想 xiǎng" + 動詞句　～したい

中国語では助動詞は動詞の前に置く

我 想 喝 日本茶。　　　他 不 想 喝 咖啡。
Wǒ xiǎng hē Rìběnchá.　　　Tā bù xiǎng hē kāfēi.

> **ミニ練習** 近くの席の人とお互いに飲みたいものを言ってみよう。

我 想 喝 _____。
Wǒ xiǎng hē

5　助動詞 "要 yào" ＋ 動詞句
～したい，～しようと思う，～しなければならない

我 要 去 美国。　　　否定形：不 想 bù xiǎng　したくない
Wǒ yào qù Měiguó.

你 要 *吃 **早饭。　*食べる　否定形：不用 búyòng　～しなくてよい
Nǐ yào chī zǎofàn.　**朝食

> **ミニ練習** 次の文を否定形にしてみよう。

他 要 去 北海道。　否定形① _____。
Tā yào qù Běihǎidào.
　　　　　　　　　　　　　② _____。

6　疑問詞 "几 jǐ" と "多少 duōshao"
"几" は10ぐらいまでの数を予想する場合に使う

你 有 几 个？ → 我 有 三 个。
Nǐ yǒu jǐ gè?　　Wǒ yǒu sān gè.

她 有 多少？ → 她 有 二十 个。
Tā yǒu duōshao?　Tā yǒu èrshí gè.

> **ミニ練習** 次の下線部を適当な疑問詞でたずね，さらに日本語に訳そう。

我 的 *同学 有 两 个 哥哥。　　*クラスメート
Wǒ de tóngxué yǒu liǎng gè gēge.

疑問文 _____？
訳 _____

7　金額の言い方

五 百 *块（**钱）　　十 块 五 ***毛（钱）　*円, 元　**～円　***角
wǔ bǎi kuài (qián)　　shí kuài wǔ máo (qián)

*一共 多少 钱？　　两 万 **人民币　　*合計, 全部で　**人民元
Yígòng duōshao qián?　liǎng wàn rénmínbì

絵単語 4

❶ 絵を見ながら録音を聴いて，単語を覚えよう。

(1) いろいろな飲物

果汁 guǒzhī　　紅茶 hóngchá　　咖啡 kāfēi　　可乐 kělè
绿茶 lǜchá　　乌龙茶 wūlóngchá　　茉莉花茶 mòlihuāchá

(2) いろいろなフルーツ

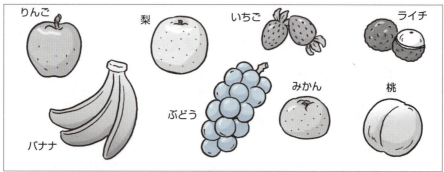

苹果 píngguǒ　　香蕉 xiāngjiāo　　梨 lí　　草莓 cǎoméi
葡萄 pútao　　橘子 júzi　　桃子 táozi　　荔枝 lìzhī

❷ 録音を聴いて，❶の単語を参考にして空欄を埋めよう。

(1) ＿＿＿＿＿＿　很　好喝。
　　　　　　　　　hěn　hǎohē.

(2) ＿＿＿＿＿＿　很　好喝。
　　　　　　　　　hěn　hǎohē.

(3) ＿＿＿＿＿＿　很　好吃。
　　　　　　　　　hěn　hǎochī.

(4) ＿＿＿＿＿＿　很　好吃。
　　　　　　　　　hěn　hǎochī.

1 次のピンインを漢字に直し，日本語に訳そう。

(1) zěnmeyàng → 漢字 _____ 訳 _____

(2) duōshao qián → 漢字 _____? 訳 _____

(3) duìbuqǐ → 漢字 _____ 訳 _____

2 次の漢字のピンインを書こう。

(1) 茶　_____

(2) 好喝　_____

(3) 便宜　_____

3 かっこの中の意味になるように次の語を並べ替えて，漢字で書こう。

(1) hěn　Rìběnchá　hǎohē　（日本茶はおいしい。）

漢字 _____。

(2) xiǎng　wǒ　kāfēi　hē　（わたしはコーヒーが飲みたい。）

漢字 _____。

(3) qù　wǒ　yào　dàxué　（わたしは大学に行こうと思っている。）

漢字 _____。

4 次の日本茶を宣伝する文の空欄を埋めよう。

日本茶　很 _____ 。　一　千 _____ 一　包，
Rìběnchá　hěn　hǎohē　.　Yì　qiān　rìyuán　yì　bāo,

很 _____ 。　你 _____ 吧！
hěn　piányi　.　Nǐ　mǎi　ba!

第 4 课

リスニング＆スピーキング 4

1 録音を聴いて，読まれた順に番号をふろう。

Rìběnchá	Zhōngguóchá	mòlìhuāchá	kāfēi

( )	( )	( )	( )

2 録音を聴いて，日本語の意味を完成させよう。

(1) ＿＿＿＿＿＿＿＿＿＿ はおいしい。

(2) この桃は ＿＿＿＿＿＿＿＿＿＿ し，安いです。

(3) ＿＿＿＿＿＿＿＿＿＿ 円です。

3 録音を聴いて，質問文にふさわしい答えを選ぼう。

(1) 这个 多少 钱？　　　　A　　B
　　Zhèige duōshao qián?

(2) 这 种 果汁 怎么样？　　A　　B
　　Zhèi zhǒng guǒzhī zěnmeyàng?

(3) 你 喜欢 喝 什么？　　　A　　B
　　Nǐ xǐhuan hē shénme?

4 近くの席の人と買いたいもの，飲みたいものについて会話をしてみよう。

A：你 想 买 什么？
　　Nǐ xiǎng mǎi shénme?

B：我 想 买 ＿＿＿＿＿＿。你 呢？
　　Wǒ xiǎng mǎi　　　　． Nǐ ne?

A：我 想 买 ＿＿＿＿＿＿。你 想 喝 什么？
　　Wǒ xiǎng mǎi　　　　． Nǐ xiǎng hē shénme?

B：我 想 喝 ＿＿＿＿＿＿。你 呢？
　　Wǒ xiǎng hē　　　　． Nǐ ne?

A：我 想 喝 ＿＿＿＿＿＿。
　　Wǒ xiǎng hē　　　　．

第5课 打工
dì wǔ kè　　dǎ gōng

達成目標 Check　☑ アルバイトなど生活のようすを話せる

林 Lín　你 Nǐ 好像 hǎoxiàng 有点儿 yǒudiǎnr 困 kùn。

张 Zhāng　是的。 Shìde. 我 Wǒ 昨天 zuótiān 睡 shuì 得 de 很 hěn 晚 wǎn。

因为 Yīnwèi 晚上 wǎnshang 11 点 shíyī diǎn 才 cái 回 huí 家 jiā。

林　你 Nǐ 每天 měitiān 都 dōu 打 dǎ 工 gōng 吗 ma？

张　不 Bú 是 shì, 这 zhèi 个 gè 星期 xīngqī 有点儿 yǒudiǎnr 忙 máng。

林　那 Nà 你 nǐ 下 xià 个 gè 星期 xīngqī 一定 yídìng 好好儿 hǎohāor 休息 xiūxi。

张　谢谢。 Xièxie. 你 Nǐ 也 yě 多 duō 保重 bǎozhòng。

語句

- 好像 hǎoxiàng　〜のようだ
- 有点儿 yǒudiǎnr　少し〜，なんだか〜
- 困 kùn　ねむい
- 是的 shìde　そうです
- 昨天 zuótiān　昨日
- 睡 shuì　眠る
- V＋得… V+de…　〜するのが…だ
- 晚 wǎn　（時間的に）おそい
- 因为〜 yīnwèi~　〜なので（→第13课）
- 才 cái　ようやく，やっと
- 每天 měitiān　毎日
- 忙 máng　忙しい
- 下 xià　次の（↔ 上 shàng（時間的に）前の）
- 一定 yídìng　必ず
- 好好儿 hǎohāor　よく，ちゃんと
- 休息 xiūxi　休む
- 谢谢 xièxie　ありがとう
- 多 duō　多い，多く（↔ 少 shǎo）
- 保重 bǎozhòng　身体を大切にする

ポイント & ミニ練習 5

1 "有点儿 yǒudiǎnr" と "一点儿 yìdiǎnr"　　語順に注意する

　　　有点儿 + 形容詞　　　少し～、なんだか～
　　　形容詞 + (一) 点儿　　少し～（比較）

我　有点儿　忙。
Wǒ　yǒudiǎnr　máng.

这个　有点儿　*贵。　　　　　　　　　　　　*（ねだんが）高い
Zhèige　yǒudiǎnr　guì.

*快　(一) 点儿！　　　　　　　　　　　　　*速い
Kuài　(yì)　diǎnr!

便宜　(一) 点儿　吧！
Piányi　(yì)　diǎnr　ba!

ミニ練習 かっこの中の日本語を参考にして、空欄を埋めよう。

(1) 我 ＿＿＿＿＿＿＿＿（なんだか）*不　舒服。　　　*気分が悪い
　　Wǒ　　　　　　　　　　　　　 bù　shūfu.

(2) 今天　*凉快 ＿＿＿＿＿＿＿＿（少し）。　　　　　*涼しい
　　Jīntiān　liángkuai

2 程度補語　　動詞 + 得 de + 形容詞　　～するのが…だ

他　打　得　很　好。
Tā　dǎ　de　hěn　hǎo.

否定形：

我　打　得　不　好。
Wǒ　dǎ　de　bù　hǎo.

疑問形：

① 他　打　得　好　吗？　　　② 他　打　得　好　不　好？
　 Tā　dǎ　de　hǎo　ma?　　　　 Tā　dǎ　de　hǎo　bù　hǎo?

動詞に目的語がある場合の語順：

他 （打） 棒球 打 **得** 很 好。
Tā (dǎ) bàngqiú dǎ **de** hěn hǎo.

ミニ練習 次の文を疑問形と否定形に直そう。

她 睡 得 很 晚。
Tā shuì de hěn wǎn.

疑問形 _____ ？

否定形 _____ 。

3 "好好儿 hǎohāor" ＋ 動詞句　　ちゃんと〜する

你 **好好儿** 休息 吧。
Nǐ **hǎohāor** xiūxi ba.

我 要 **好好儿** 谢谢 他。
Wǒ yào **hǎohāor** xièxie tā.

ミニ練習 次の単語を並べ替えて文を完成させ，日本語に訳そう。

要　　我们　　学习　　好好儿
yào　wǒmen　xuéxí　hǎohāor

_____ 。

訳 _____ 。

―― 次の中華料理を発音してみよう ――

小笼包　　　饺子
xiǎolóngbāo　jiǎozi

麻婆豆腐　　回锅肉
mápódòufu　huíguōròu

❶ 絵を見ながら録音を聴いて，語句を覚えよう。

いろいろなスポーツ

马拉松 mǎlāsōng　　花样滑冰 huāyànghuábīng　　冰壶 bīnghú　　游泳 yóu yǒng

打乒乓球 dǎ pīngpāngqiú　　打排球 dǎ páiqiú　　打羽毛球 dǎ yǔmáoqiú

奥运会 Àoyùnhuì　　比赛 bǐsài

❷ ❶の単語を使って，次の会話文の空欄を埋めよう。

A：你　喜欢　*做　什么　**运动？　　　　　　　　　　*する　**スポーツ
　　Nǐ　xǐhuan　zuò　shénme　yùndòng?

B：我　喜欢 _____。你　呢？
　　Wǒ　xǐhuan　　　　　　　　　　．Nǐ　ne?

A：我　喜欢 _____。
　　Wǒ　xǐhuan　　　　　　　　　　．

ドリル5

1 次のピンインを漢字に直し，日本語に訳そう。

(1) yǒudiǎnr → 漢字 _____ 訳 _____

(2) bǎozhòng → 漢字 _____ 訳 _____

(3) xiūxi → 漢字 _____ 訳 _____

2 次の漢字のピンインを書こう。

(1) 打工　_____

(2) 毎天　_____

(3) 学习　_____

3 かっこの中の日本語訳を参考にして，次の単語を並べ替えて文を完成させよう。

(1) 今天　他　困　好像　有点儿　（彼は今日は何だかねむそうだ。）
　　jīntiān　tā　kùn　hǎoxiàng　yǒudiǎnr

_____。

(2) 她　网球　很　打　好　打　得　（彼女はテニスがじょうずだ。）
　　tā　wǎngqiú　hěn　dǎ　hǎo　dǎ　de

_____。

(3) 好好儿　我　要　学习　（わたしはしっかり勉強しなくてはいけない。）
　　hǎohāor　wǒ　yào　xuéxí

_____。

4 かっこの中の日本語訳を参考にして，"因为"を使って理由を書いてみよう。

(1) 我　毎天　都　喝　红茶。（紅茶が好きだから。）
　　Wǒ　měitiān　dōu　hē　hóngchá.

_____。

(2) 我　想　买　日本茶。（日本茶が好きだから。）
　　Wǒ　xiǎng　mǎi　Rìběnchá.

_____。

リスニング＆スピーキング 5

1 録音を聴いて，読まれた順に番号をふろう。

dǎ gōng	xuéxí	xiūxi	yóu yǒng

(　　)	(　　)	(　　)	(　　)

2 録音を聴いて，その日本語訳を完成させよう。

(1) 彼は _____ がじょうずだ。

(2) わたしは _____ 忙しい。

(3) あなたは _____ のが遅い。

3 録音を聴いて，質問文にふさわしい答えを選ぼう。

(1) 他 踢 足球 踢 得 怎么样？　　A　　B
　　Tā tī zúqiú tī de zěnmeyàng?

(2) 你 哥哥 今天 休息 吗？　　A　　B
　　Nǐ gēge jīntiān xiūxi ma?

(3) 她 好像 要 去 韩国，是 吗？　　A　　B
　　Tā hǎoxiàng yào qù Hánguó, shì ma?

4 次の質問に答えてみよう。

(1) 你 最近 忙 不 忙？　_____。
　　Nǐ zuìjìn máng bù máng?

(2) 你 星期几 打 工？　_____。
　　Nǐ xīngqījǐ dǎ gōng?

第6课 练习 开车
dì liù kè liànxí kāi chē

達成目標 Check ☑ 自分の予定を話せる

林 Lín 　我 昨天 去 了 我 家 附近 的 驾校。
　　　　Wǒ zuótiān qù le wǒ jiā fùjìn de jiàxiào.
　　　　你 会 开 车 了 吗？
　　　　Nǐ huì kāi chē le ma?

张 Zhāng 　我 上 个 月 刚 开始 练习 开 车，
　　　　Wǒ shàng ge yuè gāng kāishǐ liànxí kāi chē,
　　　　还 不 会。
　　　　hái bú huì.

林 　我 也 是。你 今天 去 驾校 吗？
　　Wǒ yě shì. Nǐ jīntiān qù jiàxiào ma?

张 　我 今天 不 能 去，我 打算 明天 去。
　　Wǒ jīntiān bù néng qù, wǒ dǎsuàn míngtiān qù.

語句

- □ 练习 liànxí　　練習する，練習
- □ 开 kāi　　運転する，開く
- □ 车 chē　　自動車
- □ 了 le　　〜した
- □ 附近 fùjìn　　近所，近く
- □ 驾校 jiàxiào　　自動車教習所
- □ 会 huì　　（技能などについて）〜できる，〜するはずだ
- □ 上 个 月 shàng gè yuè　　先月
- □ 刚 gāng　　〜したばかり（"刚刚"とも言う）
- □ 开始 kāishǐ　　始まる，〜し始める
- □ 还 hái　　まだ
- □ 能 néng　　（都合などにより）〜できる，（能力的に）できる
- □ 打算 dǎsuàn　　〜するつもりだ
- □ 明天 míngtiān　　明日

ポイント&ミニ練習6

1 二つの"了 le"

(1) 動作の完了を表す助詞"了"　〜した

我　昨天　去　了　我　家　附近　的　驾校。
Wǒ　zuótiān　qù　le　wǒ　jiā　fùjìn　de　jiàxiào.

否定形：没（有）méi(yǒu) + 動詞句　　"了"は不要

她　昨天　没（有）　去　那个　驾校。
Tā　zuótiān　méi (yǒu)　qù　nèige　jiàxiào.

疑問形：① 你　昨天　去　了　吗？　　② 你　昨天　去　了　没有？
　　　　　Nǐ　zuótiān　qù　le　ma?　　　Nǐ　zuótiān　qù　le　méiyǒu?

ミニ練習 (1) 次の文を疑問形と否定形に直そう。

他　昨天　去　了　他　家　附近　的　*超市。　　*スーパーマーケット
Tā　zuótiān　qù　le　tā　jiā　fùjìn　de　chāoshì.

疑問形 ① _____ ？

　　　 ② _____ ？

否定形　_____ 。

(2) 状況の変化を表す"了"　〜になった

她　是　大学生　了。　　　　　他　会　开　车　了。
Tā　shì　dàxuéshēng　le.　　　Tā　huì　kāi　chē　le.

ミニ練習 次の文を中国語で書いてみよう。

わたしは19歳になりました。　_____ 。

2 助動詞"会 huì"と"能 néng"

　　　会：（練習などによって）できる，〜するはずだ
　　　能：（都合がよくて）できる，（能力があって）できる

她　会　开　车。
Tā　huì　kāi　chē.

明天　会　*下　雨。　　*雨が降る　中国語では無主語文となる：「（天が）雨を降らす」の形
Míngtiān　huì　xià　yǔ.

他 明天 休息，他 能 *来 我 家。 　　　　　　　　　　* 来る
Tā míngtiān xiūxi, tā **néng** lái wǒ jiā.

否定形：

我 不 会 开 车。　　　明天 她 不 能 来。
Wǒ **bú huì** kāi chē.　　Míngtiān tā **bù néng** lái.

疑問形：

① 你 会 开 车 吗？　　② 你 会 不 会 开 车？
　 Nǐ **huì** kāi chē ma?　　 Nǐ **huì bú huì** kāi chē?

① 你 能 来 吗？　　② 你 能 不 能 来？
　 Nǐ **néng** lái ma?　　 Nǐ **néng bù néng** lái?

> **ミニ練習**　"会"または"能"で 空欄を埋めよう。

(1)　我 今天 没 有 *课，_____ 去 驾校。　　　　　　* 授業
　　 Wǒ jīntiān méi yǒu kè,　　　 qù jiàxiào.

(2)　他 _____ 踢 足球，他 踢 得 很 好。
　　 Tā　　　 tī zúqiú, tā tī de hěn hǎo.

3　助動詞 "打算 dǎsuàn" ＋ 動詞句　　〜するつもりだ，〜する予定である

我 打算 去 *法国。　　他 打算 来 日本。　　　　　　　* フランス
Wǒ **dǎsuàn** qù Fǎguó.　　Tā **dǎsuàn** lái Rìběn.

> **ミニ練習**　次の文を"打算"を使った表現にしよう。

(1)　我 明天 休息。　_____。
　　 Wǒ míngtiān xiūxi.

(2)　他 星期六 去 *电影院。_____。
　　 Tā xīngqīliù qù diànyǐngyuàn.　　　　　　　　　　* 映画館

絵単語 6

❶ 絵を見ながら録音を聴いて，発音された順に下に掲げた a 〜 e の記号を書き入れよう。

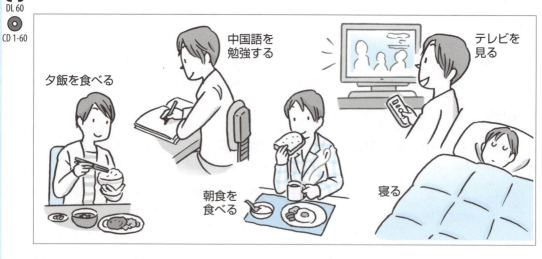

(1) _____　(2) _____　(3) _____　(4) _____　(5) _____

a chī zǎofàn 吃 早饭　　**b** chī wǎnfàn 吃 晚饭　　**c** xué Hànyǔ 学 汉语

d shuì jiào 睡 觉　　**e** kàn diànshì 看 电视

❷ 絵を見ながら録音を聴いて，声調を書こう。

(1) 早上　zaoshang　　(2) 晚上　wanshang　　(3) 驾校　jiaxiao　　(4) 超市　chaoshi

(5) 电影院　dianyingyuan　　(6) 便利店　bianlidian

ドリル 6

1 次のピンインを漢字に直し，日本語に訳そう。

(1) fùjìn → 漢字 _____ 訳 _____

(2) jiàxiào → 漢字 _____ 訳 _____

(3) qù → 漢字 _____ 訳 _____

2 次の漢字のピンインを書こう。

(1) 开始　_____

(2) 今天　_____

(3) 明天　_____

3 かっこの中の日本語訳を参考にして，次の単語を並べ替えて，文を完成させよう。

(1) 超市　我　去　了　昨天　的　我　家　附近
　　chāoshì　wǒ　qù　le　zuótiān　de　wǒ　jiā　fùjìn
（わたしは昨日わたしの家の近くにあるスーパーに行った。）

_____。

(2) 刚　四　月　我　学　开始　汉语
　　gāng　sì　yuè　wǒ　xué　kāishǐ　Hànyǔ
（わたしは4月に中国語を習い始めたばかりだ。）

_____。

(3) 会　也　你　车　开　吗　（あなたも運転ができますか。）
　　huì　yě　nǐ　chē　kāi　ma

_____？

4 次の文の空欄を埋めてみよう。

A：你　昨天　去　名古屋　了　吗？
　　Nǐ　zuótiān　qù　Mínggǔwū　le　ma?

B：去　_____。我　刚　回　来。
　　Qù　　　　．Wǒ gāng huí lái.

A：你　今天　_____　足球　吗？
　　Nǐ　jīntiān　　　　zúqiú　ma?

B：我　_____，明天　_____　足球。
　　Wǒ　　　　　　　，míngtiān　　　　zúqiú.

リスニング＆スピーキング6

1 録音を聴いて，読まれた順に番号をふろう。

kāi chē　　　　　liànxí　　　　　kāishǐ　　　　　huí jiā

   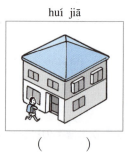

(　　)　　　　(　　)　　　　(　　)　　　　(　　)

2 録音を聴いて，その日本語訳を完成させよう。

(1) 彼は _____ ことができる。

(2) わたしは _____ ことができない。

(3) あなたは _____ に行く _____ ですか。

3 録音を聴いて，質問文にふさわしい答えを選ぼう。

(1) 你　会　开　车　吗？　　　A　　　B
　　 Nǐ　huì　kāi　chē　ma?

(2) 他　昨天　去　大学　了　吗？　　A　　　B
　　 Tā　zuótiān　qù　dàxué　le　ma?

(3) 你　打算　去　哪儿？　　　A　　　B
　　 Nǐ　dǎsuàn　qù　nǎr?

4 次の日本語を参考にして，近くの席の人と会話してみよう。

A：あなたは *万里の長城に行った？　　　　　　　　　　　* 长城 Chángchéng

B：昨日行きました。

A：明日はどこへ行く予定？

B：*故宫に行く予定です。　　　　　　　　　　　　　　　* 故宫 Gùgōng

第7课 打 电话
dì qī kè　dǎ diànhuà

達成目標 Check
☑ 今現在の状況を話せる
☑ 待ち合わせ場所を言える

张　喂，我 是 香香，是 太一 吗？
　　Wèi, wǒ shì Xiāngxiāng, shì Tàiyī ma?

林　是 啊。你 在 干 什么 呢？
　　Shì a. Nǐ zài gàn shénme ne?

张　我 正在 买 东西。
　　Wǒ zhèngzài mǎi dōngxi.

林　快 到 晚饭 的 时间 了，
　　Kuài dào wǎnfàn de shíjiān le,
　　我们 一起 吃 饭，好 吗？
　　wǒmen yìqǐ chī fàn, hǎo ma?

张　好 吧。我 在 车站 等 你。
　　Hǎo ba. Wǒ zài chēzhàn děng nǐ.

語句

- □ 打 电话 dǎ diànhuà　電話をかける
- □ 喂 wèi　もしもし
- □ 啊 a　～よ，～ね
- □ 在 zài　～しているところ，～で(場所)
- □ 干 gàn　する
- □ 呢 ne　継続を表す
- □ 正在 zhèngzài　ちょうど～しているところ
- □ 快（要）～了 kuài(yào) ~le　もうすぐ～だ，まもなく～する
- □ 到 dào　(その時に)なる
- □ 时间 shíjiān　時間
- □ 一起 yìqǐ　一緒に
- □ 饭 fàn　ご飯
- □ 好 吗? hǎo ma?　いいですか
- □ 好 吧 hǎo ba　いいですよ
- □ 车站 chēzhàn　駅
- □ 等 děng　待つ

ポイント&ミニ練習7

1 動作の進行を表す"在 zài"　　在＋動詞句（＋呢 ne）　〜しているところ‥

你 （正）在 干 什么 呢？
Nǐ (zhèng) zài gàn shénme ne?

我 （正）在 学习。
Wǒ (zhèng) zài xuéxí.

否定形：

我 没（有） 在 看 电视。
Wǒ méi (yǒu) zài kàn diànshì.

ミニ練習 次の文を進行形にして，日本語に訳そう。

(1) 他 吃 饭。　　進行形 ＿＿＿＿＿＿＿＿＿＿＿＿＿＿＿＿。
　　Tā chī fàn.
　　　　　　　　　訳 ＿＿＿＿＿＿＿＿＿＿＿＿＿＿＿＿＿＿。

(2) 她 没有 买 东西。　進行形 ＿＿＿＿＿＿＿＿＿＿＿＿＿。
　　Tā méiyǒu mǎi dōngxi.
　　　　　　　　　訳 ＿＿＿＿＿＿＿＿＿＿＿＿＿＿＿＿＿＿。

2 場所を表す前置詞の"在 zài"　　在＋場所＋動詞句　〜で…する ‥‥‥‥

　　　　　　　　　　　　　　　　場所を表すことばは動詞の前に置く

我 在 大学 学习 经营。
Wǒ zài dàxué xuéxí jīngyíng.

他 今天 在 家 休息。
Tā jīntiān zài jiā xiūxi.

ミニ練習 かっこの中の場所で「〜する」という文にしよう。

(1) 他 吃 早饭。（家で）　＿＿＿＿＿＿＿＿＿＿＿＿＿＿＿＿。
　　Tā chī zǎofàn.

(2) 她 等 你。（大学で）　＿＿＿＿＿＿＿＿＿＿＿＿＿＿＿＿。
　　Tā děng nǐ.

比較：p. 25 "在"の構文

3 "快(要)〜了 kuài(yào) ~le"　もうすぐ〜する，もうすぐ〜だ

他　快　来　了。
Tā　kuài　lái　le.

快　到　*秋天　了。　　　　　　　　　　　　　　　　　*秋
Kuài　dào　qiūtiān　le.

ミニ練習 かっこの中の日本語訳を参考にして，次の単語を並べ替えて文を完成させよう。

到　　快　　学习　　时间　　了　　的　（もうすぐ*勉強する時間だ。）
dào　kuài　xuéxí　shíjiān　le　de　　　　　　　　　　　　　*学习的时间

_____。

4 "〜，好吗？ ~, hǎo ma?"　〜しませんか（勧誘）

我们　一起　买　东西，好　吗？
Wǒmen　yìqǐ　mǎi　dōngxi, hǎo ma?

我们　一起　吃　饭，好　吗？
Wǒmen　yìqǐ　chī　fàn, hǎo ma?

ミニ練習 友達を何かにさそってみよう。

我们　一起　_____，好　吗？
Wǒmen　yìqǐ　　　　　　　　　, hǎo ma?

5 電話番号の言い方

你　的　*电话　号码　是　多少？　　　　　　　　　　　　　*電話番号
Nǐ　de　diànhuà　hàomǎ　shì　duōshao?

我　的　电话　号码　是　090-1234-5678。
Wǒ　de　diànhuà　hàomǎ　shì　líng jiǔ líng-yī èr sān sì-wǔ liù qī bā.

ミニ練習 自分の携帯番号を言ってみよう。

我　的　*手机　号码　是　_____。　　　　　*携帯電話
Wǒ　de　shǒujī　hàomǎ　shì

絵単語 7

❶ 絵を見ながら録音を聴いて，次の語句を覚えよう。

| 做菜 | 散步 | 学习 | 吃饭 | 买东西 | 打电话 | 上网 |
| zuò cài | sàn bù | xuéxí | chī fàn | mǎi dōngxi | dǎ diànhuà | shàng wǎng |

❷ 次の問いに❶の語句を使って，自分がやっていることを答えてみよう。

你 现在 干 什么 呢？
Nǐ xiànzài gàn shénme ne?

_____。

ドリル7

1 次のピンインを漢字に直し，日本語に訳そう。

(1) mǎi dōngxi → 漢字 _____ 訳 _____

(2) chī wǎnfàn → 漢字 _____ 訳 _____

(3) qù chēzhàn → 漢字 _____ 訳 _____

2 次の漢字のピンインを書こう。

(1) 正在 _____

(2) 时间 _____

(3) 一起 _____

3 かっこの中の日本語訳を参考にして，次の単語を並べ替えて文を完成させよう。

(1) 在　　家　　饺子　　我　　今天　　吃　　他
　　 zài　jiā　jiǎozi　wǒ　jīntiān　chī　tā
（わたしは今日彼の家で餃子を食べる。）

_____。

(2) 正在　　他　　英语　　学习　（彼は英語を勉強しているところだ。）
　　 zhèngzài　tā　Yīngyǔ　xuéxí

_____。

(3) 一起　　东西　　买　　我们　　吧　（一緒に買物しよう。）
　　 yìqǐ　dōngxi　mǎi　wǒmen　ba

_____。

4 次の会話文の空欄を埋めよう。

A： 我 _____ 大学　学习。你 _____ 干　什么？
　　 Wǒ　　　　　dàxué　xuéxí.　Nǐ　　　　　gàn　shénme?

B： 我　也　在　大学　学习。
　　 Wǒ　yě　zài　dàxué　xuéxí.

A： _____ 到　吃　午饭　的　时间 _____。
　　　　　　　 dào　chī　wǔfàn　de　shíjiān

　　我们　一起　吃　饭，好　吗？
　　Wǒmen　yìqǐ　chī　fàn, hǎo　ma?

B： 好。我 _____ 食堂　等　你。
　　 Hǎo. Wǒ　　　　　shítáng　děng　nǐ.

リスニング＆スピーキング 7

1 録音を聴いて，読まれた順に番号をふろう。

DL 69
CD 2-05

买 东西	吃饭	在 车站 等	打 电话

（　）	（　）	（　）	（　）

2 録音を聴いて空欄を埋め，日本語に訳そう。

DL 70
CD 2-06

(1) 他 _____ 学习。　　訳 _____。
　　Tā　　　　xuéxí.

(2) 我 _____ 吃 饭 _____ 。　訳 _____。
　　Wǒ　　　chī　fàn　　　．

(3) 你 _____ 干 什么 _____ ?　訳 _____。
　　Nǐ　　　gàn shénme　　?

(4) 我们 _____ 听 音乐， _____ ?
　　Wǒmen　　　tīng yīnyuè,　　　　?
　　訳 _____。

(5) 我们 _____ 去 冲绳， _____ ?
　　Wǒmen　　　qù Chōngshéng,　　　　?
　　訳 _____。

3 近くの席の人とお互いに現在の状況を話し，さらに相手を何かに誘ってみよう。

A：我　正在 _____ 呢。你　呢？
　　Wǒ　zhèngzài　　　　　　ne.　Nǐ　ne?

B：我　正在 _____ 呢。
　　Wǒ　zhèngzài　　　　　　ne.

A：我们　一起 _____ , 好　吗？
　　Wǒmen　yìqǐ　　　　　　　, hǎo　ma?

B：好　吧。我　在 _____ 等　你。
　　Hǎo　ba. Wǒ　zài　　　　　　děng　nǐ.

A：好。
　　Hǎo.

第8课 迪士尼乐园
dì bā kè　　Díshìnílèyuán

達成目標 Check
- ☑ 過去の経験を話せる
- ☑ 相手を誘うことができる

张　你　去过　东京　的　迪士尼乐园　吗？
　　Nǐ　qùguo　Dōngjīng　de　Díshìnílèyuán　ma?

林　小　的　时候　去过　一　次。
　　Xiǎo　de　shíhou　qùguo　yí　cì.

　　假期　你　有　空儿　吗？
　　Jiàqī　nǐ　yǒu　kòngr　ma?

　　我们　一起　去　吧。
　　Wǒmen　yìqǐ　qù　ba.

张　好　啊。我们　顺便　再　看看　东京晴空塔。
　　Hǎo　à.　Wǒmen　shùnbiàn　zài　kànkan　Dōngjīngqíngkōngtǎ.

林　好。假期　我们　一起　去　东京　玩儿。
　　Hǎo.　Jiàqī　wǒmen　yìqǐ　qù　Dōngjīng　wánr.

語句

- □ 迪士尼乐园 Díshìnílèyuán　ディズニーランド
- □ V＋过 guo　〜したことがある
- □ 东京 Dōngjīng　東京
- □ 小 xiǎo　小さい（↔大 dà）
- □ 〜的时候 ~de shíhou　〜の時，〜する時，〜した時
- □ 次 cì　〜回
- □ 假期 jiàqī　休暇
- □ 空儿 kòngr　ひま
- □ 啊 à（短めに発音）　〜よ，〜ね（同意）
- □ 顺便 shùnbiàn　ついでに
- □ 再 zài　さらに，もう一度
- □ 东京晴空塔 Dōngjīngqíngkōngtǎ　東京スカイツリー
- □ 玩儿 wánr　遊ぶ

ポイント&ミニ練習 8

1 経験を表す "过 guo"　　動詞＋过　～したことがある

他　去过　中国。
Tā　qùguo　Zhōngguó.

否定形：

他　没（有）　去过　中国。
Tā　méi(yǒu)　qùguo　Zhōngguó.

疑問形：① 他　去过　中国　吗？　　② 他　去过　中国　没有？
　　　　　Tā　qùguo　Zhōngguó　ma?　　Tā　qùguo　Zhōngguó　méiyǒu?

ミニ練習 ▶ 次の文を疑問形と否定形に直そう。

她　去过　北京。
Tā　qùguo　Běijīng.

疑問形 ① _____？

　　　　② _____？

否定形　_____。

2 時間の長さや回数を表すことばの位置　　動詞の後ろに置く

我　看　了　*一　个　小时。　　　　　　　　　　　　*1時間
Wǒ　kàn　le　yí　gè　xiǎoshí.

我　去过　**两　次。　　　　　　　　　　　　　　　**2回
Wǒ　qùguo　liǎng　cì.

她　来过　一　次　日本。　　　　動詞に目的語がある場合の語順に注意
Tā　láiguo　yí　cì　Rìběn.

ミニ練習 ▶ かっこの中の日本語訳を参考にして，次の単語を並べ替えて文を完成させよう。

(1) 我　次　两　看过　（わたしは2回見たことがある。）
　　wǒ　cì　liǎng　kànguo

　　_____。

(2) 她　三　次　中国　去　过　（彼女は中国に3回行ったことがある。）
　　tā　sān　cì　Zhōngguó　qù　guo

　　_____。

3 動詞の重ね型　同じ動詞を２回重ねて言う表現　ちょっと〜する

看看　　　玩儿玩儿　　　休息休息
kànkan　　wánrwanr　　　xiūxixiūxi

ミニ練習 次の文型を参考にして，中国語で言ってみよう。

我们〜吧。Wǒmen~ba.

(1) ちょっと休もう。　＿＿＿＿＿＿＿＿＿＿＿＿＿＿＿＿＿＿＿＿。

(2) ちょっと遊ぼう。　＿＿＿＿＿＿＿＿＿＿＿＿＿＿＿＿＿＿＿＿。

4 連動文　動作の順に動詞が二つある文

我们　去　东京　玩儿。
Wǒmen　qù　Dōngjīng　wánr.

他们　去　图书馆　看　书。
Tāmen　qù　túshūguǎn　kàn　shū.

ミニ練習 かっこの中の日本語訳を参考にして，次の単語を並べ替えて文を完成させよう。

(1) 我们　食堂　吃　去　饭　吧（食堂へごはんを食べに行こう。）
　　wǒmen　shítáng　chī　qù　fàn　ba

＿＿＿＿＿＿＿＿＿＿＿＿＿＿＿＿＿＿＿＿＿＿＿＿＿＿＿。

(2) 迪士尼乐园　我们　吧　玩儿　去　一起
　　Díshìnílèyuán　wǒmen　ba　wánr　qù　yìqǐ
　　（一緒にディズニーランドへ遊びに行こう。）

＿＿＿＿＿＿＿＿＿＿＿＿＿＿＿＿＿＿＿＿＿＿＿＿＿＿＿。

この都市はどこでしょうか？

伦敦　　　悉尼　　　新德里
Lúndūn　　Xīní　　　Xīndélǐ

首尔　　　莫斯科
Shǒu'ěr　　Mòsīkē

発音してみよう

第8课

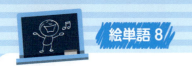

❶ 絵を見ながら録音を聴いて，次の場所を覚えよう。

「行ったことがあるところ」

美术馆	动物园	野生动物园	海洋馆	游乐场
měishùguǎn	dòngwùyuán	yěshēngdòngwùyuán	hǎiyángguǎn	yóulèchǎng

滑雪场	浅草	USJ
huáxuěchǎng	Qiǎncǎo	

❷ ❶の単語を参考にして，近くの席の人と自分の行ったことがある場所について話してみよう。

A：我　去过 ＿＿＿＿＿＿＿＿＿＿＿＿。
　　Wǒ　qùguo

B：我　也　去过 ＿＿＿＿＿＿＿＿＿＿＿。
　　Wǒ　yě　qùguo

　　我　去过 ＿＿＿＿＿＿＿＿。（回数）
　　Wǒ　qùguo

ドリル 8

1 次のピンインを漢字に直し，日本語に訳そう。

(1) yǒu kòngr → 漢字 _____ 訳 _____

(2) xiǎo de shíhou → 漢字 _____ 訳 _____

(3) qùguo → 漢字 _____ 訳 _____

2 次の漢字のピンインを書こう。

(1) 东京 _____

(2) 假期 _____

(3) 顺便 _____

3 かっこの中の日本語を参考にして，次の単語を並べ替えて文を完成させよう。

(1) 去　过　几　次　你　（何回行ったことがありますか。）
　　qù　guo　jǐ　cì　nǐ

_____？

(2) 过　我　次　一　迪士尼乐园　去
　　guo　wǒ　cì　yī　Díshìnílèyuán　qù
　　　　　　　　　　　（わたしはディズニーランドに一回行ったことがある。）

_____。

(3) 来　顺便　你　家　吧　我　玩儿
　　lái　shùnbiàn　nǐ　jiā　ba　wǒ　wánr
　　　　　　　　　　　（ついでにわたしの家に遊びに来てください。）

_____。

4 次の文の空欄を埋めてみよう。

我　去过　一　次 _____，还　没　去过 _____ 。
Wǒ　qùguo　yí　cì　　　　　，hái　méi　qùguo　　　　　．

*年假　我　打算　去 _____ 玩儿玩儿。　　*正月休み
Niánjià　wǒ　dǎsuàn　qù　　　　　wánrwanr.

第 8 课

リスニング＆スピーキング 8

1 録音を聴いて，読まれた順に番号をふろう。

DL 75
CD 2-11

东京	假期	玩儿	看

( )	( )	( )	( )

2 録音を聴いて空欄を埋め，日本語に訳そう。

DL 76
CD 2-12

(1) 他 _____ 一 次。　　訳 _____ 。
　　Tā　　　　　 yí   cì.

(2) 他 _____ 两 次。　　訳 _____ 。
　　Tā　　　　　liǎng cì.

(3) 我 _____ 吃过 *俄国菜。　訳 _____ 。
　　Wǒ　　　　chīguo　Éguócài.
　　　　　　　　　　　　　　　　　　　　　　　　　　　　　　*ロシア料理

(4) 我 学习 了 _____。　　訳 _____ 。
　　Wǒ xuéxí le

(5) 我 想 再 _____。　　訳 _____ 。
　　Wǒ xiǎng zài

3 次の日本語の文を参考にして，近くの席の人と中国語で会話をしてみよう。

A：あなたは〜に行ったことがありますか。

B：わたしは行ったことがあります。／行ったことがありません。あなたは？

A：わたしも行ったことがあります。／行ったことがありません。

B：*今度一緒に行きましょう。　　　　　　　　　　　　　　　*下次 xiàcì

第9课 有进步了！
dì jiǔ kè　Yǒu jìnbù le!

達成目標 Check
- ☑ 相手をほめることができる
- ☑ 相手に頼むことができる

张： 你 的 汉语 有 进步 了！
　　 Nǐ de Hànyǔ yǒu jìnbù le!

林： 你 的 日语 也 比 以前 流利 多 了。
　　 Nǐ de Rìyǔ yě bǐ yǐqián liúlì duō le.

张： 谢谢 你 的 夸奖。
　　 Xièxie nǐ de kuājiǎng.

林： 我 想 用 汉语 给 中国 朋友 写 封 信。
　　 Wǒ xiǎng yòng Hànyǔ gěi Zhōngguó péngyou xiě fēng xìn.
　　 你 帮 我 改 一下，好 吗？
　　 Nǐ bāng wǒ gǎi yíxià, hǎo ma?

张： 没 问题。你 用 电脑 发 来 吧。
　　 Méi wèntí. Nǐ yòng diànnǎo fā lái ba.

語句

- □ 进步 jìnbù　進歩，進歩する
- □ 日语 Rìyǔ　日本語
- □ 比 bǐ　～より
- □ 以前 yǐqián　以前
- □ 流利 liúlì　流ちょうな
- □ 多 duō　ずっと
- □ 夸奖 kuājiǎng　ほめる
- □ 用 yòng　～で，用いる
- □ 给 gěi　～に
- □ 写 xiě　書く
- □ 封 fēng　～通
- □ 信 xìn　手紙，信じる
- □ 帮 bāng　手伝う，助ける
- □ 改 gǎi　直す
- □ V+一下 V+yíxià　ちょっと～する
- □ 没问题 méi wèntí　大丈夫
- □ 发 fā　発送する，送る
- □ V+来 V+lái　～してくる

ポイント&ミニ練習 9

1 比較の表現　　A 比 bǐ B〜　　AはBより〜だ

这个　比　那个　*新。
Zhèige bǐ nèige xīn.
*新しい

他　比　我　*高　一点儿。
Tā bǐ wǒ gāo yìdiǎnr.
*高い

否定形：

这个　没　有　那个　新。
Zhèige méi yǒu nèige xīn.

ミニ練習 ▶ 次のピンインを漢字に直し，否定形で答え，日本語に訳そう。

Zhèi zhǒng chá bǐ nèi zhǒng chá hǎohē ma?

漢字 _____?

訳 _____。

答え _____。

訳 _____。

2 前置詞 "给 gěi"　　主語＋给＋人＋動詞句
　　　　　　　　　〜に…する，〜に…してあげる
　　　　　　　　否定のことばは前置詞の前に置く

我　给　他　写　信。
Wǒ gěi tā xiě xìn.

我　不　给　他　打　电话。
Wǒ bù gěi tā dǎ diànhuà.

ミニ練習 ▶ 次のピンインを漢字に直し，否定形で答え，日本語に訳そう。

Nǐ gěi tā xiě xìn le ma?

　漢字　_____？

　訳　　_____

　答え　_____。

　訳　　_____。

3　動詞 ＋ "一下 yíxià"　　ちょっと～する ……………………………

看　一下　　　来　一下　　　休息　一下
kàn　yíxià　　lái　yíxià　　xiūxi　yíxià

ミニ練習 ▶ 次の文を中国語で言ってみよう。

(1) わたしは少し休みたいです。

　　_____。

(2) ちょっと来てもらってもいいですか。

　　_____。

4　簡単な方向補語　　動詞 ＋ 来 lái ／ 去 qù　　～して来る／～して行く ……

你　发　来　吧。　　　　他　回　家　去　了。
Nǐ　fā　lái　ba.　　　　Tā　huí　jiā　qù　le.

他　没　回　家　来。
Tā　méi　huí　jiā　lái.

ミニ練習 ▶ 次の日本語を中国語に直そう。

(1) 帰って行った。　_____。

(2) 帰って来た。　　_____。

(3) 帰って来ていない。_____。

❶ 絵を見ながら録音を聴いて、いろいろな形容詞を覚えよう。

| 大 ⟷ 小 | 热 ⟷ 冷 | 胖 ⟷ 瘦 | 长 ⟷ 短 |
| dà xiǎo | rè lěng | pàng shòu | cháng duǎn |

| 新 ⟷ 旧 | 容易 ⟷ 难 | 贵 ⟷ 便宜 | 重 ⟷ 轻 |
| xīn jiù | róngyì nán | guì piányi | zhòng qīng |

❷ 例文を参考にして ❶ の単語を使って比較の文を作ってみよう。

例： 她 比 我 胖 一点儿。
　　 Tā bǐ wǒ pàng yìdiǎnr.

_____ 。

ドリル9

1 次のピンインを漢字に直し、日本語に訳そう。

(1) jìnbù → 漢字 _____ 訳 _____

(2) liúlì → 漢字 _____ 訳 _____

(3) kuājiǎng → 漢字 _____ 訳 _____

2 次の漢字のピンインを書こう。

(1) 以前 _____

(2) 朋友 _____

(3) 电脑 _____

3 かっこの中の日本語訳を参考にして、次の語句を並べ替えて文を完成させよう。

(1) 他　了　来　故乡　回　（彼は故郷に帰ってきた。）
　　tā　le　lái　gùxiāng　huí

_____。

(2) 想　写　父母　我　封　信　给
　　xiǎng　xiě　fùmǔ　wǒ　fēng　xìn　gěi
　　　　　　　　　　　　　　（わたしは両親に手紙を書きたいです。）

_____。

4 次の手紙文を参考にして、中国語で誰かに手紙を書いてみよう。

¹亲爱　的　²小龙：
Qīn'ài　de　Xiǎolóng:

你　好！你　最近　好　吗？³工作　忙　吗？我　⁴已经　⁵习惯　了
Nǐ　hǎo! Nǐ　zuìjìn　hǎo　ma? Gōngzuò　máng　ma? Wǒ　yǐjīng　xíguàn　le

大学　的　生活　了。每天　⁶过　得　很　⁷愉快。
dàxué　de　shēnghuó　le. Měitiān　guò　de　hěn　yúkuài.

⁸祝　你　⁹一切　¹⁰顺利！
Zhù　nǐ　yíqiè　shùnlì!

　　　　　　　　　　　　　　　　　　　　　　林　太一
　　　　　　　　　　　　　　　　　　　　　　Lín　Tàiyī

　　　　　　　　　　　　　　　　　　2018　年　10月　20日
　　　　　　　　　　　　　　　　　Èrlíngyībā nián　shí yuè èrshí rì

1 親愛なる　2 小竜　3 仕事　4 すでに、もう　5 慣れる　6 過ごす　7 楽しい　8 祈る　9 すべて　10 順調である

リスニング＆スピーキング 9

1 録音を聴いて，読まれた順に番号をふろう。

DL 81
CD 2-17

汉语	日语	夸奖	流利

( )	( )	( )	( )

2 録音を聴いて空欄を埋め，日本語に訳そう。

DL 82
CD 2-18

(1) 我 给 _____ 写 信。　訳 _____。
　　Wǒ gěi　　　　xiě xìn.

(2) 他 不 _____ 我 打 电话。　訳 _____。
　　Tā bù　　　 wǒ dǎ diànhuà.

(3) *小 陈 _____ 我 大。　訳 _____ *陳さん。
　　Xiǎo Chén　　　wǒ dà.

(4) 你 _____ 我 看 一下，_____ ?
　　Nǐ　　　 wǒ kàn yíxià,　　　?
　　訳 _____。

(5) 她 已经 _____ 来 了。　訳 _____。
　　Tā yǐjīng　　　lái le.

3 次の場面にふさわしい中国語を言ってみよう。

(1) 英語がじょうずだと相手をほめたい。

　　_____ !

(2) 英語で手紙を書くのを手伝ってくれるよう頼みたい。

　　_____ ?

第10课 智能手机
dì shí kè　zhìnéngshǒujī

達成目標 Check
☑「～させてください」と頼める
☑ 相手を注意できる

林：我　换　了　一　台　新　手机，
　　Wǒ　huàn　le　yì　tái　xīn　shǒujī,
　　也　是　智能　的。
　　yě　shì　zhìnéng　de.

张：欸？我　可以　看看　吗？
　　Éi?　Wǒ　kěyǐ　kànkan　ma?
　　让　我　看看　吧。
　　Ràng　wǒ　kànkan　ba.

林：你　看　吧。千万　别　掉　地上。
　　Nǐ　kàn　ba.　Qiānwàn　bié　diào　dìshang.

张：太　漂亮　了！真　羡慕　你！
　　Tài　piàoliang　le!　Zhēn　xiànmù　nǐ!

語句

- 智能手机 zhìnéngshǒujī　スマートフォン
- 换 huàn　～に換える
- 台 tái　（機器など）～台 "部""个" もよく使う
- 欸 éi　おや
- 可以～吗？kěyǐ~ma?　～してもいいですか
- 让 ràng　～させる，～される
- 千万 qiānwàn　決して，必ず
- 别 bié　～してはいけない（禁止）
- 掉 diào　落とす，落ちる
- 地上 dìshang　地面
- 太～了 tài~le　すごく～だ
- 漂亮 piàoliang　美しい，スマートだ
- 真 zhēn　ほんとうに
- 羡慕 xiànmù　うらやましい

ポイント&ミニ練習 10

1 使役形　　主語＋让 ràng・叫 jiào＋相手＋動詞　　～に…させる

让 我 看看 吧。
Ràng wǒ kànkan ba.

请 你 让 她 给 我 回 电话, 好 吗？
Qǐng nǐ ràng tā gěi wǒ huí diànhuà, hǎo ma?

叫 他 来 吧！
Jiào tā lái ba!

否定形：否定のことばは"让・叫"の前に置く

我 不 让 他 去。
Wǒ bú ràng tā qù.

ミニ練習 次の文を使役形を使って中国語で言ってみよう。

(1) わたしに行かせてください。

　　_____。

(2) 父はわたしにしっかり勉強するように言った。

　　_____。

2 助動詞"可以 kěyǐ"　　許可を表す　　～してもよい
　　　　　　　「(都合がよくて)できる」という意味の"能 néng"と同様にも使える

你 下午 可以 给 我 打 电话。
Nǐ xiàwǔ kěyǐ gěi wǒ dǎ diànhuà.

我 可以 问问 吗？
Wǒ kěyǐ wènwen ma?

ミニ練習 次の文を中国語で言ってみよう。

(1) あなたは来てもいいです。

　　_____。

(2) わたしは買ってもいいですか。

　　_____？

3　禁止表現　　"别 bié" + 動詞句　　〜しないで！

你　别　看　*我　的。
Nǐ　bié　kàn　wǒ　de.
　　　　　　　　　　　　　　　* 私のもの

*别　看　电视　了**！
Bié　kàn　diànshì　le!
　　　　　　　　　　　　　* もう〜しないで！
　　　　　　　　　　　　** 感嘆符は感嘆文，あいさつ，命令文などにつける

ミニ練習　次の文を中国語で言ってみよう。

(1) 遊ばないで。　　＿＿＿＿＿＿＿＿＿＿＿＿＿＿＿。

(2) もう寝ないで。　＿＿＿＿＿＿＿＿＿＿＿＿＿＿＿！

4　"太〜了！tài~le!"　　あまりに〜，すごく〜だ

今天　太　热　了！
Jīntiān　tài　rè　le!

这　台　手机　太　漂亮　了！
Zhèi　tái　shǒujī　tài　piàoliang　le!

ミニ練習　次の文を中国語で言ってみよう。

(1) このお茶はすごくおいしい。　＿＿＿＿＿＿＿＿＿＿＿＿＿＿＿！

(2) この桃はすごくおいしい。　　＿＿＿＿＿＿＿＿＿＿＿＿＿＿＿！

―― 調味料 ――

酱油　　醋　　糖　　盐
jiàngyóu　cù　táng　yán

―― 発音してみよう ――

絵単語 10

❶ 絵を見ながら録音を聴いて，次の語句を覚えよう。

说 话	跑	进 去	笑	开 玩笑	着 急	担 心
shuō huà	pǎo	jìn qù	xiào	kāi wánxiào	zháo jí	dān xīn

❷ ❶の語句を使って禁止の表現を作ろう。

別 _____ !
Bié

ドリル 10

1 次のピンインを漢字に直し，日本語に訳そう。

(1) huàn shǒujī → 漢字 _____ 訳 _____

(2) mǎi xīn shǒujī → 漢字 _____ 訳 _____

(3) xiànmù → 漢字 _____ 訳 _____

2 次の漢字のピンインを書こう。

(1) 可以　_____

(2) 新　　_____

(3) 漂亮　_____

3 かっこの中の日本語訳を参考にして，次の単語を並べ替えて文を完成させよう。

(1) 我　看看　让　手机　新　你的　吧
　　wǒ　kànkan　ràng　shǒujī　xīn　nǐde　ba
（あなたの新しい携帯をわたしに見せてください。）

_____。

(2) 我　给　可以　打　你　电话　吗
　　wǒ　gěi　kěyǐ　dǎ　nǐ　diànhuà　ma
（わたしはあなたに電話してもいいですか。）

_____？

(3) 太　你们　了　大学　漂亮　（あなたたちの大学はすごくきれいです。）
　　tài　nǐmen　le　dàxué　piàoliang

_____！

4 次の日本語を中国語に訳してみよう。

(1) *社長は私に**客を***迎えに行かせた。　　*老板 lǎobǎn　**客人 kèrén　***接 jiē

_____。

(2) 父は私を*留学に行かせない。　　*liú xué

_____。

リスニング&スピーキング 10

1 録音を聴いて，読まれた順に番号をふろう。

手机	地上	漂亮	羡慕

(　　)	(　　)	(　　)	(　　)

2 録音を聴いて，日本語の訳を完成させよう。

(1) 彼は _____ を換えた。

(2) わたしに _____ させてください。

(3) わたしたちは _____ もいいですか。

3 録音を聴いて，質問文にふさわしい答えを選ぼう。

(1) 我　可以　问问　你　的　名字　吗？　　　A　　　B
　　Wǒ　kěyǐ　wènwen　nǐ　de　míngzi　ma?

(2) 让　我　看看　你　的　新　手机，好　吗？　A　　　B
　　Ràng　wǒ　kànkan　nǐ　de　xīn　shǒujī, hǎo　ma?

(3) 我　可以　去　吗？　　　　　　　　　　　A　　　B
　　Wǒ　kěyǐ　qù　ma?

4 次の会話文の空欄を埋めて，近くの席の人と会話してみよう。

A：_____ 很　漂亮。让　我　看看　吧。
　　　　　　　　 hěn piàoliang. Ràng wǒ kànkan ba.

B：你　看　吧。
　　Nǐ　kàn　ba.

A：太　漂亮　了！多少　钱？
　　Tài piàoliang le! Duōshao qián?

B：_____ 。

第 11 课 滑雪
dì shíyī kè　　huá xuě

達成目標 Check　☑ 相手の意向をたずねることができる

张　我　换完　滑雪服　了。我　准备好　了。
　　Wǒ huànwán huáxuěfú le. Wǒ zhǔnbèihǎo le.

林　我 先 在　滑雪场　给 你 照 张 相 吧。
　　Wǒ xiān zài huáxuěchǎng gěi nǐ zhào zhāng xiàng ba.

张　好 吧。我 在 山上　照，还是 在 山下 照？
　　Hǎo ba. Wǒ zài shānshang zhào, háishi zài shānxià zhào?

林　你 拿着 雪杖，就 在 这儿 站着 照 吧。
　　Nǐ názhe xuězhàng, jiù zài zhèr zhànzhe zhào ba.

张　好。这样　看起来　很 酷。
　　Hǎo. Zhèyàng kànqǐlái hěn kù.

語句

- □ 滑雪 huá xuě　スキーをする
- □ 穿 chuān　着る，（靴などを）はく
- □ 完 wán　～し終わる
- □ 滑雪服 huáxuěfú　スキーウエア
- □ 准备 zhǔnbèi　準備する，～するつもりだ
- □ 先 xiān　まず，さきに
- □ 照 相 zhào xiàng　写真を撮る
- □ 张 zhāng　～枚（ここでは 1 枚の意）
- □ 山 shān　山
- □ 还是 háishi　それとも，やはり

- □ 拿 ná　持つ
- □ V＋着 V＋zhe　～している，～してある
- □ 雪杖 xuězhàng　（スキーの）ストック
- □ 就 jiù　ほかでもなく（強調）
- □ 这儿 zhèr　ここ（↔ 那儿 nàr）
- □ 站 zhàn　立つ，駅
- □ 这样 zhèyàng　このように（↔ 那样 nàyàng）
- □ 看起来 kànqǐlái　見たところ～，～に見える
- □ 酷 kù　かっこいい

ポイント&ミニ練習 11

1 結果補語

(1) 動詞 ＋（結果を表す）動詞

   做完   写完   听*懂 * わかる，理解する
   zuòwán xiěwán tīngdǒng

 否定形：没 做完 没 写完 没 听懂
     méi zuòwán méi xiěwán méi tīngdǒng

(2) 動詞 ＋ 形容詞

   做好   写好
   zuòhǎo xiěhǎo

 否定形：没 做好 没 写好
     méi zuòhǎo méi xiěhǎo

ミニ練習 次の文を中国語で書いてみよう。

(1) わたしは聞いてわかりました。

 _____。

(2) 彼は手紙を書き終わっていない。

 _____。

2 持続を表す "*着 zhe"　　動詞 ＋ 着 …（呢 ne）　　～している

* 日本語の字とのちがいに注意

他 站着。
Tā zhànzhe.

我 正 看着 电视 呢。   *门 **开着。（結果持続） * ドア ** 開く
Wǒ zhèng kànzhe diànshì ne. Mén kāizhe.

否定形：

她 没（有） 站着。
Tā méi(yǒu) zhànzhe.

動詞 ＋ 着 ＋ 動詞句　　～の状態で…する

李 老师 每天 走着 来 大学。
Lǐ lǎoshī měitiān zǒuzhe lái dàxué.

ミニ練習 次の文を中国語で書いてみよう。

(1) 彼は*座っている。　_____。　　　*坐 zuò

(2) わたしは電話中です。　_____。

3　選択疑問文　　A＋还是 háishi＋B？　　Aですか，それともBですか……

你　打　网球　**还是**　踢　足球？
Nǐ　dǎ　wǎngqiú　**háishi**　tī　zúqiú?

你　来　**还是**　我　去？　　　你　吃　苹果，**还是**　吃　香蕉？
Nǐ　lái　**háishi**　wǒ　qù?　　　Nǐ　chī　píngguǒ, **háishi**　chī　xiāngjiāo?

ミニ練習 次の文を中国語で書いてみよう。

(1) あなたは売店に行く？それとも食堂に行く？

　_____？

(2) わたしたちは東京に行く？それとも*大阪に行く？　　　*Dàbǎn

　_____？

4　動詞＋"起来 qǐlái"　　（実際に）〜してみると…／上向きの動作に…………

看起来　　吃起来　　听起来　　做起来　　学起来　／　站起来
kànqǐlái　chīqǐlái　tīngqǐlái　zuòqǐlái　xuéqǐlái　　zhànqǐlái

那个　看起来　很　*好吃。　　　　　　　　　　　　*おいしい
Nèige　kànqǐlái　hěn　hǎochī.

站起来　吧！
Zhànqǐlái　ba!

ミニ練習 次の文を中国語で書いてみよう。

(1) 中国語は勉強してみると，あまり難しくない。

　_____。

(2) 彼の名前を聞いた感じでは，韓国人のようだ。

　_____。

絵単語 11

❶ 絵を見ながら録音を聴いて，次の語句を覚えよう。

| 滑 冰 | 画 画儿 | 钓 鱼 | 看 书 |
| huá bīng | huà huàr | diào yú | kàn shū |

| 唱 歌 | 唱 戏 | 跳 舞 | 练 少林拳 |
| chàng gē | chàng xì | tiào wǔ | liàn shàolínquán |

❷ ❶の語句を使って，近くの席の人と趣味について会話してみよう。

A： 你 的 *爱好 是 什么？   *趣味
　　Nǐ de àihào shì shénme?

B： 我 的 爱好 是 ＿＿＿＿＿＿＿＿。你 呢？
　　Wǒ de àihào shì　　　　　　　. Nǐ ne?

A： 我 喜欢 ＿＿＿＿＿＿＿＿＿。
　　Wǒ xǐhuan

1 次のピンインを漢字に直し，日本語に訳そう。

(1) xuězhàng → 漢字 _____ 訳 _____

(2) huá xuě → 漢字 _____ 訳 _____

(3) ná → 漢字 _____ 訳 _____

2 次の漢字のピンインを書こう。

(1) 照 相　_____
(2) 准 备　_____
(3) 这 样　_____

3 かっこの中の日本語訳を参考にして，次の単語を並べ替えて文を完成させよう。

(1) 准备好　我　晚饭　已经　了　（もう夕飯の準備ができた。）
　　zhǔnbèihǎo　wǒ　wǎnfàn　yǐjīng　le

_____。

(2) 他　打　正　着　呢　电话　（彼は電話をかけている。）
　　tā　dǎ　zhèng　zhe　ne　diànhuà

_____。

(3) 你　吃　*中餐　喜欢　吃　还是　喜欢　**西餐
　　nǐ　chī　zhōngcān　xǐhuan　chī　háishi　xǐhuan　xīcān
　　（あなたは中華が好き？それとも洋食が好き？）　*中華料理　**西洋料理

_____？

4 次の日本語を"着"を使って中国語に訳してみよう。

(1) ドアが*閉まっている。　　　　　　　　　　　　　　　　*关 guān

_____。

(2) 立ってないで！

_____！

リスニング＆スピーキング 11

1 録音を聴いて，読まれた順に番号をふろう。

滑雪	照相	拿着	站着
(　　)	(　　)	(　　)	(　　)

2 中国語の録音を聴いて，その日本語訳を完成させよう。

(1) 彼は ＿＿＿＿＿＿＿＿＿＿＿＿ た。

(2) あなたはとても ＿＿＿＿＿＿＿＿＿＿＿＿ 。

(3) わたしたちは ＿＿＿＿＿＿＿＿＿＿＿＿ か，それとも

　　＿＿＿＿＿＿＿＿＿＿＿＿ か。

3 録音を聴いて，質問文にふさわしい答えを選ぼう。

(1) 你 准备好 了 吗？　　　A　　　B
　　Nǐ zhǔnbèihǎo le ma?

(2) 我们 在 哪儿 照 相？　　　A　　　B
　　Wǒmen zài nǎr zhào xiàng?

(3) 你 喜欢 吃 什么？　　　A　　　B
　　Nǐ xǐhuan chī shénme?

4 次の会話文の空欄を埋めて，近くの席の人と中国語で会話してみよう。

A：星期天 我们 一起 去 玩儿，好 吗？
　　Xīngqītiān wǒmen yìqǐ qù wánr, hǎo ma?

B：好。我们 ＿＿＿＿＿＿＿＿＿，还是 ＿＿＿＿＿＿＿＿＿？
　　Hǎo. Wǒmen 　　　　　　　　　, háishi

A：我们 ＿＿＿＿＿＿＿＿＿ 吧。
　　Wǒmen 　　　　　　　　ba.

B：好！
　　Hǎo!

第12课 钱包
dì shí'èr kè　qiánbāo

達成目標 Check ☑ ものを紛失した時に対処できる

张　我 把 钱包 丢 了。
　　Wǒ bǎ qiánbāo diū le.

林　你 是 在 哪儿 丢 的？
　　Nǐ shì zài nǎr diū de?

张　从 家 到 大学 的 路上。
　　Cóng jiā dào dàxué de lùshang.

林　再 好好儿 找找，也许 找得到。
　　Zài hǎohāor zhǎozhao, yěxǔ zhǎodedào.

张　找 了 好 几 遍，还是 找不到。
　　Zhǎo le hǎo jǐ biàn, háishi zhǎobúdào.

林　别 着急，我们 去 问问 警察。
　　Bié zháojí, wǒmen qù wènwen jǐngchá.

語句

- 钱包 qiánbāo　財布
- 把 bǎ　〜を
- 丢 diū　なくす
- 从 cóng　〜から
- 到 dào　〜まで
- 路上 lùshang　道で，途中で
- 找 zhǎo　さがす
- 也许 yěxǔ　〜かもしれない
- 好 hǎo　ずいぶん（数量が多い）
- 遍 biàn　〜回（ひととおりの動作）
- 还是 háishi　やはり，それとも
- 警察 jǐngchá　警察

ポイント&ミニ練習 12

1 "把 bǎ" の構文　　主語 ＋ 把 ＋ 目的語（特定のもの・人）＋ 動詞
　　　　　　　　　　　　〜を…する

我　把　那　件　*事情　**忘　了。　　　　　　　　　　*事　**忘れる
Wǒ　bǎ　nèi　jiàn　shìqing　wàng　le.

林　同学　把　*书包　丢　了。　　　　　　　　　　　　*かばん
Lín　tóngxué　bǎ　shūbāo　diū　le.

她　把　*报告　写完　了。　　　　　　　　　　　　　　*レポート
Tā　bǎ　bàogào　xiěwán　le.

我　没　把　*课本　**带来。　　　　　　　　　　　*教科書　**持ってくる
Wǒ　méi　bǎ　kèběn　dàilái.

ミニ練習　次の単語を並べ替えて文を完成させよう。

(1)　*作业　把　我　了　做完　　　　　　　　　　　　　　*宿題
　　　zuòyè　bǎ　wǒ　le　zuòwán

　　_____。

(2)　那　书　本　我　看完　了　把
　　nèi　shū　běn　wǒ　kànwán　le　bǎ

　　_____。

2 可能補語 "得 de"　　動詞 ＋ 得 de ＋ 補語　　〜できる
　　　　　　　　　　　否定形：動詞 ＋ 不 bù ＋ 補語　　〜できない

做得完　　　听得懂　　　找得到　　　去得*了　　　　　*発音に注意
zuòdewán　 tīngdedǒng　 zhǎodedào　 qùdeliǎo

做不完　　　听不懂　　　找不到　　　去不了
zuòbùwán　 tīngbùdǒng　 zhǎobúdào　 qùbùliǎo

他　说　的　汉语，你　听得懂　吗？
Tā　shuō　de　Hànyǔ,　nǐ　tīngdedǒng　ma?

我　听得懂。
Wǒ　tīngdedǒng.

他　说　的　英语，我　听不懂。
Tā　shuō　de　Yīngyǔ,　wǒ　tīngbùdǒng.

ミニ練習 次の文を中国語に直そう。

(1) わたしは今日やり終えられる。　_____。

(2) わたしは明日行ける。　_____。

3 "是 ～ 的 shì ~ de"の構文　　～したのです
すでに行われた行為について，その**時間**，**場所**，**方式**などを述べる

他 （是） 昨天 来 的。
Tā (shì) zuótiān lái de.

我 （是） *坐 电车 来 的。　　　　　*電車で
Wǒ (shì) zuò diànchē lái de.

否定形：～したのではない

他 不是 开 车 来 的 大学。
Tā búshì kāi chē lái de dàxué.

ミニ練習 次の文を中国語に直そう。

(1) わたしは昨日来たのではない。　_____。

(2) 彼は車を運転して来たのです。　_____。

4 "从～到… cóng~dào…"　　～から…まで

从 大学 到 车站
cóng dàxué dào chēzhàn

从 我 家 到 这儿 *大概 **要 一 个 小时。
Cóng wǒ jiā dào zhèr dàgài yào yí gè xiǎoshí.
　　　　　　　　　　　　　　　*だいたい　**かかる，必要である

ミニ練習 次の日本語を中国語に直そう。

(1) 9時から5時まで　_____

(2) 家から大学まで*電車で行きます。　　　　*坐电车 zuò diànchē

_____。

 絵単語 12

❶ 絵を見ながら録音を聴いて，次の単語を覚えよう。

| 护照 | 驾照 | 学生证 | 包 | 车票 | 银行卡 |
| hùzhào | jiàzhào | xuéshēngzhèng | bāo | chēpiào | yínhángkǎ |

❷ 次の空欄を埋めて，近くの席の人と会話してみよう。

A： *糟 了！ 我 把 ＿＿＿＿＿＿ 丢 了！　　　*しまった！
　　Zāo le! Wǒ bǎ　　　　　　　diū le!

B： 你 在 哪儿 丢 的？
　　Nǐ zài nǎr diū de?

A： 好像 在 ＿＿＿＿＿＿＿＿＿＿＿ 丢 的。
　　Hǎoxiàng zài　　　　　　　　　 diū de.

B： 我 帮 你 一起 找 吧。
　　Wǒ bāng nǐ yìqǐ zhǎo ba.

ドリル 12

1 次のピンインを漢字に直し，日本語に訳そう。

(1) háishi → 漢字 _____ 訳 _____

(2) zháo jí → 漢字 _____ 訳 _____

(3) yěxǔ → 漢字 _____ 訳 _____

2 次の漢字のピンインを書こう。

(1) 大学 _____

(2) 钱包 _____

(3) 警察 _____

3 かっこの中の日本語訳を参考にして，次の単語を並べ替えて文を完成させよう。

(1) 手机　我　把　没　带来　（わたしは携帯を持ってこなかった。）
　　 shǒujī　wǒ　bǎ　méi　dàilái

_____。

(2) 我　你　家　了　去不了　（わたしはあなたの家に行けなくなった。）
　　 wǒ　nǐ　jiā　le　qùbùliǎo

_____。

(3) 他　去年　是　的　日本　来　（彼は去年日本に来たのです。）
　　 tā　qùnián　shì　de　Rìběn　lái

_____。

4 次の文を中国語に訳してみよう。

(1) わたしは財布をなくしました。

_____。

(2) *すみませんが，警察に聞いていただけますか。　　*麻烦 你 máfan nǐ

_____？

リスニング&スピーキング 12

1 録音を聴いて，読まれた順に番号をふろう。

DL 101　CD 2-37

警察	钱包	着急	找得到

(　)	(　)	(　)	(　)

2 録音を聴いて，その日本語の訳を完成させよう。

DL 102　CD 2-38

(1) 彼は ＿＿＿＿＿＿＿＿＿ を ＿＿＿＿＿＿＿ した。

(2) あなたは ＿＿＿＿＿＿＿＿＿ ことができる。

(3) わたしたちは ＿＿＿＿＿＿＿ に行きますか。それとも ＿＿＿＿＿＿＿ に行きますか。

3 録音を聴いて，質問文にふさわしい答えを選ぼう。

DL 103　CD 2-39

(1) 你 找 了 几 遍？　　　　A　　B
　　Nǐ zhǎo le jǐ biàn?

(2) 我们 从 哪儿 去？　　　A　　B
　　Wǒmen cóng nǎr qù?

(3) 今天 的 作业 你 做得完 吗？　A　B
　　Jīntiān de zuòyè nǐ zuòdewán ma?

4 次の日本語を参考にして，近くの席の人と中国語で会話してみよう。

A：教科書をなくした。

B：心配しないで。いっしょにさがそう。

A：見つからないよ。

B：*あった。ここにあった。　　　　　　　＊有了！Yǒu le!

第13课 考试
dì shísān kè　kǎoshì

達成目標 Check ☑ 事柄の理由を言える

張　小　王　约　我　一起　去　冲绳　旅游。
　　Xiǎo Wáng yuē wǒ yìqǐ qù Chōngshéng lǚyóu.
　　我们　一起　去　吧。
　　Wǒmen yìqǐ qù ba.

林　真　遗憾。我　去不了。
　　Zhēn yíhàn. Wǒ qùbùliǎo.
　　昨天　我　被　我　父亲　说　了　一　顿。
　　Zuótiān wǒ bèi wǒ fùqīn shuō le yí dùn.
　　因为　最近　没　学习。
　　Yīnwèi zuìjìn méi xuéxí.

張　你　父亲　跟　我　父亲　一样　很　严格。
　　Nǐ fùqīn gēn wǒ fùqīn yíyàng hěn yángé.

林　我　要　参加　国家　资格　认证　考试，
　　Wǒ yào cānjiā guójiā zīgé rènzhèng kǎoshì,
　　没　有　办法。
　　méi yǒu bànfǎ.

語句

- □ 考试 kǎoshì　試験
- □ 约 yuē　約束する，さそう
- □ 旅游 lǚyóu　旅行（する）
- □ 遗憾 yíhàn　残念だ
- □ ～不了 ~bùliǎo　～しきれない
- □ 被 bèi　～される
- □ 说 shuō　説教する，しかる，話す
- □ 一顿 yí dùn　ひとしきり
- □ 因为 yīnwèi　～なので
- □ 跟～一样 gēn~yíyàng　～と同じように
- □ 严格 yángé　厳しい
- □ 参加 cānjiā　参加する，出席する
- □ 国家 guójiā　国家，国
- □ 资格 zīgé　資格
- □ 认证 rènzhèng　認定する
- □ 办法 bànfǎ　方法

ポイント&ミニ練習 13

1 受身形　　主語＋被 bèi ＋相手（動作主）＋動詞　　〜に…される

我　被　父亲　*批评　了。　　　　　　　　　　　　　　*批判する，しかる
Wǒ　bèi　fùqīn　pīpíng　le.

他　被　*狗　**咬　了。　　　　　　　　　　　　　　　*犬　**かむ
Tā　bèi　gǒu　yǎo　le.

我　的　*自行车　被　他　**借走　了。　　　　　　　　*自転車　**借りていく
Wǒ　de　zìxíngchē　bèi　tā　jièzǒu　le.

否定形：否定のことばは"被"の前に置く

我　没　被　批评。
Wǒ　méi　bèi　pīpíng.

ミニ練習 ▶ 次の文を中国語で言ってみよう。

(1) わたしはしかられた。　　　＿＿＿＿＿＿＿＿＿＿＿＿＿＿＿＿＿＿＿＿。

(2) わたしはしかられなかった。　＿＿＿＿＿＿＿＿＿＿＿＿＿＿＿＿＿＿＿＿。

2 理由の言い方　　因为 yīnwèi 〜，所以 suǒyǐ…　　〜だから…

因为　下　雨，所以　我　没　去。
Yīnwèi　xià　yǔ,　suǒyǐ　wǒ　méi　qù.

因为　*病　了，所以　他　没　来　大学。　　　　　　　*病気になる
Yīnwèi　bìng　le,　suǒyǐ　tā　méi　lái　dàxué.

因为　最近　很　忙，所以　没　去　打　工。
Yīnwèi　zuìjìn　hěn　máng,　suǒyǐ　méi　qù　dǎ　gōng.

ミニ練習 "因为～，所以…" を使って，次の文を中国語で言ってみよう。

(1) 忙しいから，行かなかった。
　_____。

(2) 病気になったから，来られなかった。
　_____。

3 "跟 ～ 一样 gēn ~ yíyàng"　　～と同じ，～と同じように

我　跟　你　一样。
Wǒ　gēn　nǐ　yíyàng.

你们　大学　跟　我们　大学　一样　新。
Nǐmen　dàxué　gēn　wǒmen　dàxué　yíyàng　xīn.

ミニ練習 次の文を中国語で言ってみよう。

(1) これはあれと同じだ。　_____。

(2) 日本と中国は同様に *漢字を **使っている。　　　*汉字 Hànzì　*使用 shǐyòng
　_____。

？どんな病状でしょう？

发烧 fā shāo　　・　　・　風邪

头疼 tóuténg　　・　　・　頭痛

感冒 gǎnmào　　・　　・　下痢

拉肚子 lā dùzi　　・　　・　けが

受伤 shòu shāng　・　　・　熱が出る

絵単語 13

❶ 絵を見ながら録音を聴いて、いろいろな職業を覚えよう。

DL 107
CD 2-43

| 公司职员 | 公务员 | 教师 | 护士 | 医生・大夫 |
| gōngsīzhíyuán | gōngwùyuán | jiàoshī | hùshi | yīshēng・dàifu |

| 农 业 | 律师 | 会计师 | 厨师 | 办 公司 |
| nóng yè | lǜshī | kuàijìshī | chúshī | bàn gōngsī |

❷ 自分が将来やりたいことを言ってみよう。

我　将来　想　*当 _____。（わたしは将来～になりたいです。）
Wǒ　jiānglái　xiǎng　dāng 　　　　　　　　　　*～になる（職業など）

我　将来　想　_____。（わたしは将来～したいです。）
Wǒ　jiānglái　xiǎng

ドリル 13

1 次のピンインを漢字に直し，日本語に訳そう。

(1) zīgé → 漢字 _____ 訳 _____

(2) yángé → 漢字 _____ 訳 _____

(3) guójiā → 漢字 _____ 訳 _____

2 次の漢字のピンインを書こう。

(1) 父亲 _____

(2) 考试 _____

(3) 汉字 _____

3 かっこの中の日本語訳を参考にして，次の単語を並べ替えて文を完成させよう。

(1) 批评　老师　他　了　被　（彼は先生にしかられた。）
　　pīpíng　lǎoshī　tā　le　bèi

_____。

(2) 因为　忙　最近　太　了, 所以　电话　没　给　打　你
　　yīnwèi　máng　zuìjìn　tài　le, suǒyǐ　diànhuà　méi　gěi　dǎ　nǐ
　　（最近すごく忙しかったので，あなたに電話しなかった。）

_____。

(3) 跟　她的衣服　你的衣服　一样　漂亮　很
　　gēn　tādeyīfu　nǐdeyīfu　yíyàng　piàoliang　hěn
　　（彼女の洋服はあなたの洋服と同じように素敵です。）

_____。

4 理由を言う文を書いてみよう。

因为 _____, 所以 _____。
Yīnwèi　　　　　　　　　, suǒyǐ　　　　　　　　　.

第13课

リスニング&スピーキング 13

1 録音を聴いて，読まれた順に番号をふろう。

旅游	严格	考试	资格
(　　)	(　　)	(　　)	(　　)

2 録音を聴いて，その日本語の訳を完成させよう。

(1) 彼は ＿＿＿＿＿＿ にしかられた。

(2) これは ＿＿＿＿＿＿ と同じだ。

(3) わたしは病気になった ＿＿＿＿＿＿ ，大学に ＿＿＿＿＿＿ 。

3 録音を聴いて，漢字で書き取ろう。

(1) ＿＿＿＿＿＿＿＿＿＿＿＿＿＿＿＿＿＿＿＿＿＿＿。

(2) ＿＿＿＿＿＿＿＿＿＿＿＿＿＿＿＿＿＿＿＿＿＿＿。

(3) ＿＿＿＿＿＿＿＿＿＿＿＿＿＿＿＿＿＿＿＿＿＿＿。

4 次の会話文の空欄を埋めて，近くの席の人とお互いに理由を言う会話をしてみよう。

A：你 *为 什 么 不 跟 我 们 去 玩儿？　　＊どうして
　　Nǐ wèi shénme bù gēn wǒmen qù wánr?

B：因为 我 ＿＿＿＿＿＿＿＿＿＿ 。
　　Yīnwèi wǒ

　　你 为 什 么 没 去 打 工？
　　Nǐ wèi shénme méi qù dǎ gōng?

A：因为 我 ＿＿＿＿＿＿＿＿＿＿ 。
　　Yīnwèi wǒ

小词典 xiǎocídiǎn

数字は新出の課を示す：1 本文 = 第 1 課本文

A

啊	a	～よ，～ね	7 本文
啊	à（短めに発音）	～よ，～ね（同意）	8 本文
爱	ài	愛する，愛	発音
爱好	àihào	趣味	11 絵単語
按	àn	（手や指で）押す	発音
奥运会	Àoyùnhuì	オリンピック	5 絵単語

B

巴西	Bāxī	ブラジル	1 絵単語
巴西人	Bāxīrén	ブラジル人	2 ポイント
把	bǎ	～を	12 本文
爸	bà	父	発音
吧	ba	～しなさい，～しよう，～でしょう	3 本文
百	bǎi	100	2 ポイント
半	bàn	半	3 ポイント
办法	bànfǎ	方法	13 本文
办公楼	bàngōnglóu	事務棟(教員室を含む)	3 絵単語
办公司	bàn gōngsī	会社を経営する	13 絵単語
帮	bāng	手伝う，助ける	9 本文
棒球	bàngqiú	野球	2 本文
包	bāo	バッグ，～袋，～パック	4 本文
保重	bǎozhòng	身体を大切にする	5 本文
报告	bàogào	レポート	12 ポイント
北边儿	běibiānr	北	3 ポイント
北海道	Běihǎidào	北海道	4 ポイント
北京	Běijīng	北京	発音
被	bèi	～される	13 本文
本	běn	～冊	4 ポイント
比	bǐ	～より	9 本文
比赛	bǐsài	試合	5 絵単語
遍	biàn	～回（ひととおりの動作）	12 本文
便利店	biànlìdiàn	コンビニ	6 絵単語
表姐	biǎojiě	（母方の）従姉	発音
别	bié	～してはいけない（禁止）	10 本文
别～了!	bié~le	もう～しないで	10 ポイント
冰壶	bīnghú	カーリング	5 絵単語
病	bìng	病気，病気になる	13 ポイント
不	bù	～でない，～しない（否定）	1 ポイント
不对	bú duì	まちがっている	発音
不见不散	bú jiàn bú sàn	必ず会いましょう	発音
～不了	~buliǎo	～しきれない	12 本文
不舒服	bù shūfu	気分が悪い	5 ポイント
不太～	bú tài~	あまり～ない（部分否定）	11 ポイント
不想	bù xiǎng	～したくない	4 本文
不要	bú yào	～してはいけない	発音
不用	búyòng	～しなくてよい	4 ポイント

C

才	cái	ようやく，やっと	5 本文
菜	cài	おかず，料理	発音
参加	cānjiā	参加する，出席する	13 本文
操场	cāochǎng	グラウンド，運動場	3 絵単語
草莓	cǎoméi	いちご	4 絵単語
厕所	cèsuǒ	トイレ	発音
茶	chá	お茶	4 本文
差	chà	差がある，劣っている	3 本文
长	cháng	長い	9 絵単語
长城	Chángchéng	万里の長城	6
唱	chàng	歌う	11 絵単語
唱戏	chàng xì	京劇などを演じる	11 絵単語
超市	chāoshì	スーパーマーケット	6 ポイント
车	chē	自動車，自転車など	6 本文
车票	chēpiào	（電車などの）切符	12 絵単語
车站	chēzhàn	駅	7 本文
吃	chī	食べる	4 ポイント
冲绳	Chōngshéng	沖縄	7
初中	chūzhōng	中学校	発音
厨师	chúshī	調理師	13 絵単語
穿	chuān	着る，（靴などを）はく	11 本文
词典	cídiǎn	辞書	2
次	cì	～回	8 本文
从	cóng	～から	12 本文
醋	cù	酢	10

D

打	dǎ	（球技などを）する	2 本文
打工	dǎ gōng	アルバイトする	3
打算	dǎsuàn	～するつもりだ	6 本文
大	dà	大きい，年齢が上	9 絵単語
大阪	Dàbǎn	大阪	11 ポイント
大概	dàgài	だいたい	12 ポイント
大熊猫	dàxióngmāo	ジャイアントパンダ	10 ポイント
大学	dàxué	大学	1 ポイント
大学生	dàxuéshēng	大学生	2 本文
带	dài	持って（いく）	12 ポイント
大夫	dàifu	医者	13 絵単語
担心	dān xīn	心配する	10 絵単語
到	dào	（その時に）なる，～まで	7 本文
的	de	～の	1 本文
V+得…	V+de…	～するのが…だ	5 本文
～的时候	~de shíhou	～の時，～する時，～した時	8 本文
当	dāng	～になる（職業など）	13 絵単語
德国	Déguó	ドイツ	1 絵単語
等	děng	待つ	7 本文
迪士尼乐园	Díshìnílèyuán	ディズニーランド	8 本文
弟弟	dìdi	弟	2 本文
地上	dìshang	地面	10 本文
点	diǎn	～時（じ）	3 本文
电车	diànchē	電車	12 ポイント
电话	diànhuà	電話	7 本文
电话号码	diànhuà hàomǎ	電話番号	7 ポイント
电脑	diànnǎo	コンピュータ	1
电视	diànshì	テレビ	6 絵単語

电影	diànyǐng	映画	2 絵単語
电影院	diànyǐngyuàn	映画館	6 ポイント
掉	diào	落とす、落ちる	10 本文
钓鱼	diào yú	釣りをする	11 絵単語
丢	diū	なくす	12 本文
东边儿	dōngbianr	東	3 ポイント
东京	Dōngjīng	東京	8 本文
东京晴空塔	Dōngjīngqíngkōngtǎ	東京スカイツリー	8 本文
东西	dōngxi	もの、品物	4 本文
懂	dǒng	わかる	11 ポイント
动物园	dòngwùyuán	動物園	8 絵単語
都	dōu	みな、みんな	2 本文
短	duǎn	短い	9 絵単語
对	duì	正しい、合っている	2
对不起	duìbuqǐ	すみません（謝ることば）	4 本文
多	duō	多い、多く、ずっと	5 本文
多少 钱	duōshao qián	いくらですか（値段を尋ねる）	4 本文
多谢	duōxiè	ありがとう	3 本文

E

俄国菜	Éguócài	ロシア料理	8
饿	è	おなかがすく	発音
欸	éi	おや	10 本文

F

发	fā	発送する、送る	9 本文
发烧	fā shāo	発熱する	13
法国	Fǎguó	フランス	6 ポイント
法律	fǎlǜ	法律	1 本文
饭	fàn	ご飯	7 本文
分	fēn	～分（ふん）、分ける	3 ポイント
风	fēng	風	発音
封	fēng	～通	9 本文
附近	fùjìn	近所、近く	6 本文
父母	fùmǔ	両親	9
父亲	fùqīn	父	2 本文

G

改	gǎi	直す	9 本文
干杯	gān bēi	乾杯する	発音
赶紧	gǎnjǐn	急いで	3 本文
感冒	gǎnmào	風邪	13
干	gàn	する	7 本文
刚(刚)	gāng(gāng)	～したばかり	6 本文
高	gāo	高い	9 ポイント
高中生	gāozhōngshēng	高校生	2 本文
歌	gē	歌	11 絵単語
哥哥	gēge	兄	2 ポイント
给	gěi	～に	9 本文
跟～一样	gēn~yíyàng	～と同じように	13 本文
公司	gōngsī	会社	1 ポイント
公司职员	gōngsīzhíyuán	会社員	13 絵単語
公务员	gōngwùyuán	公務員	13 絵単語
工作	gōngzuò	仕事、仕事をする	9
沟通	gōutōng	コミュニケーション	はじめに
狗	gǒu	犬	13 ポイント
古老肉	gǔlǎoròu	酢豚	発音
故宫	Gùgōng	故宮	6
故乡	gùxiāng	故郷	9
关	guān	閉める	11
关 门	guān mén	閉店する、ドアを閉める	3 本文
贵	guì	（ねだんが）高い	5 ポイント
贵姓	guìxìng	どちら様	1 ポイント
国际交流系	guójìjiāoliúxì	国際コミュニケーション学部	1 単語
国家	guójiā	国家、国	13 本文
果汁	guǒzhī	ジュース	4 絵単語
V+过	V+guo	～したことがある	8 本文

H

还	hái	まだ	6 本文
还是	háishi	それとも、やはり	11 本文
海洋馆	hǎiyángguǎn	水族館	8 絵単語
韩国	Hánguó	韓国	1 絵単語
汉语	Hànyǔ	中国語	6 絵単語
汉字	Hànzì	漢字	13 ポイント
好	hǎo	よい、元気だ、ちゃんと、すいぶん(数量が多い)	1 本文
好 吧	hǎo ba	いいですよ	7 本文
好吃	hǎochī	おいしい	4 絵単語
好好儿	hǎohāor	よく、ちゃんと	5 本文
好喝	hǎohē	（飲物が）おいしい	4 絵単語
好久没见！	Hǎo jiǔ méi jian!	しばらくです	発音
好吗？	hǎo ma?	いいですか	7 本文
好像	hǎoxiàng	～のようだ	5 本文
号	hào	～日（にち）	3 ポイント
喝	hē	飲む	2 絵単語
和	hé	～と	2 本文
很	hěn	とても	4 本文
红茶	hóngchá	紅茶	4 絵単語
红色	hóngsè	赤	発音
后边儿	hòubianr	後ろ	3 本文
后门	hòumén	裏門	3 絵単語
后面	hòumiàn	後ろ	3 ポイント
护士	hùshi	看護師	13 絵単語
护照	hùzhào	パスポート	12 本文
花儿	huār	花	発音
花样滑冰	huāyànghuábīng	フィギュアスケート	5 絵単語
滑冰	huá bīng	スケートをする	11 絵単語
滑雪	huá xuě	スキーをする	11 本文
滑雪场	huáxuěchǎng	スキー場	8 絵単語
滑雪服	huáxuěfú	スキーウェア	11 本文
画	huà	描く	11 絵単語
画儿	huàr	絵	11 絵単語
欢迎,欢迎！	Huānyíng, huānyíng!	ようこそ！	発音
换	huàn	～に換える	10 本文

回锅肉	huíguōròu	ホイコーロー	5
回家	huí jiā	帰宅する	3
会	huì	（技能などについて）～できる，～するはずだ	6 本文

J

鸡	jī	にわとり	発音
几	jǐ	いくつ (10ぐらいまでの数)	3 本文
家	jiā	家	3 ポイント
加油！	Jiā yóu!	がんばれ！	はじめに
假期	jiàqī	休暇	8 本文
驾校	jiàxiào	自動車教習所	6 本文
驾照	jiàzhào	運転免許証	12 絵単語
件	jiàn	衣服，事柄などを数える	4 ポイント
将来	jiānglái	将来	13 絵単語
酱油	jiàngyóu	しょうゆ	10 ポイント
饺子	jiǎozi	餃子	5
叫	jiào	～という（名前），～させる，～される	1 本文
教师	jiàoshī	教師	13 絵単語
教学楼	jiàoxuélóu	講義棟	3 絵単語
接	jiē	迎える	10
姐姐	jiějie	姉	2 絵単語
借	jiè	借りる，貸す	13 ポイント
今年	jīnnián	今年	2 本文
今天	jīntiān	今日	3 ポイント
进步	jìnbù	進歩，進歩する	9 本文
进去	jìnqù	入っていく	10 絵単語
经营	jīngyíng	経営	1 本文
警察	jǐngchá	警察	12 本文
旧	jiù	古い	9 絵単語
就	jiù	ほかでもなく（強調）	11 本文
橘子	júzi	みかん	4 絵単語

K

咖啡	kāfēi	コーヒー	2 絵単語
开	kāi	運転する，開く，開ける	6 本文
开玩笑	kāi wánxiào	冗談を言う	10 絵単語
开始	kāishǐ	始まる，～し始める	6 本文
看	kàn	見る，読む	2 絵単語
看起来	kànqǐlái	見たところ～，～に見える	11 本文
考试	kǎoshì	試験	13 本文
可乐	kělè	コーラ	4 絵単語
可以	kěyǐ	～してもよい	10 本文
课	kè	授業，課	6 ポイント
课本	kèběn	教科書	12 ポイント
客人	kèrén	お客	10
空儿	kòngr	ひま	発音
酷	kù	かっこいい	11 本文
夸奖	kuājiǎng	ほめる	9 本文
块	kuài	元，円	4 ポイント
快	kuài	速い	5 ポイント
快～了	kuài~le	もうすぐ～だ，まもなく～する	7 本文

会计师	kuàijìshī	会計士	13 絵単語
困	kùn	ねむい	5 本文

L

拉肚子	lā dùzi	下痢をする	13
来	lái	来る	6 ポイント
V+来	V+ lái	～してくる	9 本文
老板	lǎobǎn	社長	10
老公	lǎogōng	夫（↔老婆 lǎopo）	1 ポイント
老师	lǎoshī	先生	2 本文
～了	~le	～した，～になった	6 本文
冷	lěng	寒い	9 絵単語
梨	lí	梨	4 絵単語
厘米	límǐ	センチメートル	発音
礼拜天	lǐbàitiān	日曜日	3 ポイント
荔枝	lìzhī	ライチ	4 絵単語
练少林拳	liàn shàolínquán	少林寺拳法をする	5 絵単語
练习	liànxí	練習する，練習	6 本文
凉快	liángkuai	涼しい	5 ポイント
两	liǎng	ふたつ，2個	2 本文
林 太一	Lín Tàiyī	日本人の名前	1 本文
零钱	língqián	こぜに	4 本文
流利	liúlì	流ちょうな	9 本文
留学	liú xué	留学する	10
伦敦	Lúndūn	ロンドン	8 ポイント
罗马	Luómǎ	ローマ	発音
路	lù	道	3 本文
路上	lùshàng	道で，途中で	12 本文
旅游	lǚyóu	旅行する	13 本文
绿茶	lǜchá	緑茶	4 絵単語
律师	lǜshī	弁護士	13 絵単語

M

吗？	ma?	～か（疑問）	1 ポイント
麻烦你	máfan nǐ	お手数おかけします	12
麻婆豆腐	mápódòufu	マーボ豆腐	5
马拉松	mǎlāsōng	マラソン	5 絵単語
买	mǎi	買う	4 本文
慢走！	Màn zǒu!	気をつけて（別れ際に）	発音
忙	máng	忙しい	5 本文
毛	máo	角（かく）：元の10分の1	4 ポイント
没关系	méi guānxi	かまいません	4 本文
没问题	méi wèntí	大丈夫	9 本文
美国	Měiguó	米国	1 絵単語
美术馆	měishùguǎn	美術館	8 絵単語
每天	měitiān	毎日	5 本文
妹妹	mèimei	妹	2 本文
门	mén	ドア	11
名古屋	Mínggǔwū	名古屋	6
明天	míngtiān	明日	6 本文
名字	míngzi	名前（フルネームまたはファーストネーム）	1 本文

命运	mìngyùn	運命	発音
茉莉花茶	mòlìhuāchá	ジャスミンティ	4 絵単語
莫斯科	Mòsīkē	モスクワ	8
母亲	mǔqīn	母	2 本文

N

拿	ná	持つ	11 本文
哪儿	nǎr	どこ	3 本文
那	nà	あれ，それでは	3 本文
奶奶	nǎinai	（父方の）祖母	2 絵単語
难	nán	難しい	9 絵単語
南边儿	nánbiānr	南	3 ポイント
呢	ne	継続を表す	7 本文
呢？	ne?	〜は？	1 本文
哪个	něi(nǎ)ge	どの，どれ	4 ポイント
那个	nèi(nà)ge	あの，あれ	4 ポイント
能	néng	（都合などにより）〜できる （能力的に）できる	6 本文
你	nǐ	あなた，きみ	1 本文
你好！	Nǐ hǎo!	こんにちは	1 本文
你们	nǐmen	あなたたち	1 ポイント
年	nián	年	3 ポイント
年假	niánjià	正月休み	8
您	nín	二人称単数の敬語	1 ポイント
农业	nóngyè	農業	13 絵単語

P

排球	páiqiú	バレーボール	5 絵単語
旁边儿	pángbiānr	そば，となり	3 ポイント
胖	pàng	太っている	9 絵単語
跑	pǎo	走る	10 絵単語
朋友	péngyou	友達	1 ポイント
批评	pīpíng	批判する，しかる	13 ポイント
便宜	piányi	安い	4 本文
漂亮	piàoliang	美しい，スマートだ	10 本文
乒乓球	pīngpāngqiú	卓球	5 絵単語
苹果	píngguǒ	りんご	4 絵単語
葡萄	pútao	ぶどう	4 絵単語

Q

起床	qǐ chuáng	起きる	3
千	qiān	千	2 ポイント
千万	qiānwàn	決して，必ず	10 本文
钱	qián	お金，〜円	4 ポイント
钱包	qiánbāo	財布	12 本文
前面	qiánmiàn	前	3 本文
浅草	Qiǎncǎo	浅草	8 絵単語
亲爱	qīn'ài	親愛なる	9
轻	qīng	軽い	9 絵単語
请	qǐng	どうぞ〜してください	発音
请问	qǐngwèn	おたずねします	1 本文

| 秋天 | qiūtiān | 秋 | 7 ポイント |
| 去 | qù | 行く | 3 本文 |

R

让	ràng	〜させる，〜される	10 本文
热	rè	暑い	9 絵単語
人	rén	人	10 ポイント
人民币	rénmínbì	人民元	4 ポイント
认证	rènzhèng	認定する	13 本文
日本茶	Rìběnchá	日本茶	4 本文
日本环球影城：USJ	Rìběnhuánqiúyǐngchéng USJ		8 絵単語
日本人	Rìběnrén	日本人	1 本文
日语	Rìyǔ	日本語	9 本文
日元	Rìyuán	日本円	4 本文
容易	róngyì	やさしい，簡単だ	9 絵単語

S

散步	sàn bù	散歩する	7 絵単語
山	shān	山	11 本文
上个月	shàng gè yuè	先月	6 本文
上海	Shànghǎi	上海	発音
上网	shàng wǎng	インターネットをする	7 絵単語
少林拳	shàolínquán	少林寺拳法	11 絵単語
谁	shéi	誰	1 ポイント
什么	shénme	なに，どんな	1 本文
生活	shēnghuó	生活	9
生日	shēngrì	誕生日	3
时间	shíjiān	時間	7 本文
十九	shíjiǔ	19	2 本文
食堂	shítáng	食堂	3 絵単語
石头	shítou	石	発音
使用	shǐyòng	使う	13 ポイント
是	shì	〜です，〜である	1 本文
是的	shìde	そうです	5 本文
事情	shìqing	事	12 ポイント
首尔	Shǒu'ěr	ソウル	8
手机	shǒujī	携帯電話	7 ポイント
瘦	shòu	痩せている	9 絵単語
售货员	shòuhuòyuán	店員，販売員	4 本文
受伤	shòu shāng	けがをする	13
书	shū	本	4 ポイント
书包	shūbāo	かばん	12 ポイント
叔叔	shūshu	叔父	2 絵単語
睡	shuì	眠る	5 本文
睡觉	shuì jiào	眠る	6 絵単語
顺便	shùnbiàn	ついでに	8 本文
顺利	shùnlì	順調である	9
说	shuō	言う，しかる	13 本文
说话	shuō huà	話す	10 絵単語
四川	Sìchuān	四川省	発音
宿舍	sùshè	寮	3 絵単語
岁	suì	〜歳	2 本文

所以	suǒyǐ	だから	13 ポイント

T

他	tā	彼	1 ポイント
她	tā	彼女	1 ポイント
他们	tāmen	彼ら	1 ポイント
她们	tāmen	彼女たち	1 ポイント
台	tái	(機器など)～台	10 本文
太～了	tài~le	すごく～だ	10 本文
汤	tāng	スープ	発音
糖	táng	砂糖, キャンディ	10 ポイント
桃子	táozi	桃	4 絵単語
踢	tī	蹴る	2 絵単語
条	tiáo	川, 魚などを数える	4 ポイント
跳舞	tiào wǔ	ダンスをする	11 絵単語
听	tīng	聞く, 聴く	2 絵単語
同学	tóngxué	クラスメート	4 ポイント
头疼	tóu téng	頭痛(がする)	13
图书馆	túshūguǎn	図書館	3 絵単語
托儿所	tuō'érsuǒ	保育所	3 絵単語

W

完	wán	～し終わる	11 本文
玩儿	wánr	遊ぶ	発音
晚	wǎn	(時間的に)おそい	5 本文
晚饭	wǎnfàn	夕飯	6 絵単語
晚上	wǎnshang	夜	3
万	wàn	万	発音
王	Wáng	王(中国人の姓)	発音
网球	wǎngqiú	テニス	2 本文
忘	wàng	忘れる	12 ポイント
喂	wèi	もしもし	7 本文
为什么	wèi shénme	どうして	13
文学系	wénxuéxì	文学部	1 絵単語
问	wèn	たずねる	3 本文
我	wǒ	わたし, ぼく	1
我的	wǒ de	私のもの	10 ポイント
我们	wǒmen	私たち	1 ポイント
乌龙茶	wūlóngchá	ウーロン茶	4 絵単語
五	wǔ	5	3 本文
午饭	wǔfàn	昼食	7

X

西边儿	xībianr	西	3 ポイント
西餐	xīcān	西洋料理	11
西湖	Xīhú	西湖(杭州の湖)	発音
悉尼	Xīní	シドニー	8
习惯	xíguàn	慣れる	9
喜欢	xǐhuan	好きである	2 本文
洗脸	xǐ liǎn	顔を洗う	発音
系	xì	学部	1 絵単語
下	xià	次の	5 本文
下次	xiàcì	次回	8
下个星期	xià ge xīngqī	来週	5 本文
下雨	xià yǔ	雨が降る	6 ポイント
先	xiān	まず, さきに	11 本文
现代中国系	xiàndàizhōngguóxì	現代中国学部	1 絵単語
羡慕	xiànmù	うらやましい	10 本文
现在	xiànzài	今	3 本文
香蕉	xiāngjiāo	バナナ	4 絵単語
想	xiǎng	～したい, 思う	4 本文
小	xiǎo	小さい, 年齢が下	8 本文
小陈	xiǎo Chén	陳さん(若い人)	9
小龙	Xiǎolóng	小竜	9
小笼包	xiǎolóngbāo	ショーロンポー	5
小卖部	xiǎomàibù	売店	3 絵単語
小时	xiǎoshí	～時間	8 ポイント
笑	xiào	笑う	10 絵単語
校门	xiàomén	校門	3 絵単語
写	xiě	書く	9 本文
谢谢	xièxie	ありがとう	5 本文
新	xīn	新しい	9 ポイント
新德里	Xīndélǐ	ニューデリー	8
信	xìn	手紙, 信じる	9 本文
星期二	xīngqī'èr	火曜日	3 ポイント
星期六	xīngqīliù	土曜日	3 ポイント
星期日	xīngqīrì	日曜日	3 ポイント
星期三	xīngqīsān	水曜日	3 ポイント
星期四	xīngqīsì	木曜日	3 ポイント
星期天	xīngqītiān	日曜日	3 ポイント
星期五	xīngqīwǔ	金曜日	3 ポイント
星期一	xīngqīyī	月曜日	3 ポイント
姓	xìng	～という(名字)	1 本文
熊猫	xióngmāo	パンダ	4 ポイント
休息	xiūxi	休む, 休憩する	5 本文
学	xué	学ぶ	6 絵単語
学生证	xuéshēngzhèng	学生証	12 絵単語
学习	xuéxí	勉強する, 学習する	1 本文
雪杖	xuězhàng	(スキーの)ストック	11 本文

Y

牙	yá	歯	発音
盐	yán	塩	発音
严格	yángé	厳しい	13 本文
羊	yáng	羊	発音
咬	yǎo	かむ	13 ポイント
要	yào	～しよう思う, ～する予定だ ～しなければならない 必要である	4 本文
药	yào	薬	発音
爷爷	yéye	(父方の)祖父	2 絵単語
也	yě	～も	2 本文
野生动物园	yěshēngdòngwùyuán	サファリパーク	8 絵単語
也许	yěxǔ	～かもしれない	12 本文

一点儿	yìdiǎnr	少し	5ポイント		着急	zháo jí	焦る	10絵単語
一定	yídìng	必ず	5本文		找	zhǎo	（おつりを）出す，さがす	4本文
一顿	yí dùn	ひとしきり	13本文		照相	zhào xiàng	写真を撮る	11本文
一个小时	yí gè xiǎoshí	1時間	8ポイント		这	zhè	これ	4本文
一共	yígòng	合計，全部で	4ポイント		这儿	zhèr	ここ	11本文
一刻	yí kè	15分	3本文		这个	zhèi(zhè)ge	この，これ	4ポイント
一起	yìqǐ	一緒に	7本文		这个星期	zhèi ge xīngqī	今週	5本文
一切	yíqiè	すべての	9		这样	zhèyàng	このように	11本文
～一下	~yíxià	ちょっと～する	9本文		V＋着	V＋zhe	～している，～してある	11本文
一样	yíyàng	同じ	発音		真	zhēn	ほんとうに	10本文
一直	yìzhí	まっすぐ，ずっと	3本文		正	zhèng	ちょうど	7本文
衣服	yīfu	服	13		正在	zhèngzài	ちょうど～しているところ	7本文
医生	yīshēng	医者	13絵単語		只	zhī	動物，船などを数える	4ポイント
遗憾	yíhàn	残念だ	13本文		智能手机	zhìnéngshǒujī	スマートフォン	10本文
已经	yǐjīng	すでに，もう	9		中餐	zhōngcān	中華料理	11
以前	yǐqián	以前	9本文		中国人	Zhōngguórén	中国人	1本文
亿	yì	億	発音		中药	zhōngyào	漢方薬	発音
因为～	yīnwèi~	～なので	5本文		种	zhǒng	種類	4本文
音乐	yīnyuè	音楽	2絵単語		重	zhòng	重い	9絵単語
银行	yínháng	銀行	3本文		猪	zhū	ぶた	発音
银行卡	yínhángkǎ	キャッシュカード	2絵単語		主楼	zhǔlóu	本館	3絵単語
英语	Yīngyǔ	英語	7		祝	zhù	祈る	9
用	yòng	～で，用いる	9本文		专业	zhuānyè	専攻，専門	1本文
邮局	yóujú	郵便局	3本文		准备	zhǔnbèi	準備する，～するつもりだ	11本文
游乐园	yóulèyuán	遊園地	8絵単語		资格	zīgé	資格	13本文
游泳	yóu yǒng	水泳，泳ぐ	5絵単語		自我介绍	zìwǒjièshào	自己紹介	1本文
有	yǒu	持っている，ある，いる	2本文		自行车	zìxíngchē	自転車	13ポイント
有点儿	yǒudiǎnr	少し～，なんだか～	5本文		走	zǒu	歩く	3本文
有了！	Yǒu le!	あった！	12		足球	zúqiú	サッカー	2絵単語
又～又…	yòu~yòu…	～でもあり…でもある	4本文		最近	zuìjìn	最近	5
右边儿	yòubianr	右	3ポイント		昨天	zuótiān	昨日	5本文
鱼	yú	魚	10ポイント		左边儿	zuǒbianr	左	3ポイント
愉快	yúkuài	楽しい	9		坐	zuò	座る，（乗物に）乗る	発音
羽毛球	yǔmáoqiú	バドミントン	5絵単語		做	zuò	する	5絵単語
语言	yǔyán	言語	発音		做菜	zuò cài	料理をする	7絵単語
运动	yùndòng	スポーツ	5		作业	zuòyè	宿題	12ポイント
约	yuē	約束する	13本文					
月	yuè	～月（がつ）	3ポイント					

Z

再	zài	もう一度，さらに	8本文
再见！	Zàijiàn!	さようなら	発音
在	zài	～にある，～にいる，～しているところ，～で（場所）	3本文・7本文
咱们	zánmen	私たち（相手を含む）	1ポイント
糟了！	Zāo le!	しまった！	12絵単語
早	zǎo	早い，おはよう	発音
早饭	zǎofàn	朝食	4ポイント
早上	zǎoshang	朝	3
怎么样	zěmeyàng	どうですか	4本文
站	zhàn	立つ，駅	11本文
张	zhāng	～枚	11本文
张 香香	Zhāng Xiāngxiāng	中国人の名前	1本文

著　者
　　児野　道子（元津田塾大学教授）
　　鄭　高　咏（愛知大学教授）

表紙デザイン
　　(株)欧友社

イラスト
　　川野　郁代

ちからになる中国語

2015年1月9日　初版発行
2016年3月20日　第3版発行

　　著　者　ⓒ児野　道子
　　　　　　　鄭　高　咏
　　発行者　　福岡正人
　　発行所　　株式会社　金星堂

〒101-0051　東京都千代田区神田神保町3-21
　　　　Tel. 03-3263-3828　Fax. 03-3263-0716
　　　　E-mail : text@kinsei-do.co.jp
　　　　URL : http://www.kinsei-do.co.jp

編集担当　川井義大　　　　　　　　　　2-00-0694
組版／株式会社欧友社　印刷・製本／倉敷印刷株式会社

本書の無断複製・複写は著作権法上での例外を除き禁じられています。本書を代行業者等の第三者に依頼してスキャンやデジタル化することは、たとえ個人や家庭内の利用であっても認められておりません。
乱丁・落丁本はお取り替えいたします。
KINSEIDO, 2015, Printed in Japan
ISBN978-4-7647-0694-1　C1087

中国語音節表

声母\韻母		a	o	e	-i[ʅ]	-i[ɿ]	er	ai	ei	ao	ou	an	en	ang	eng	-ong	i[i]	ia	iao
	ゼロ	a	o	e			er	ai	ei	ao	ou	an	en	ang	eng		yi	ya	yao
唇音	b	ba	bo					bai	bei	bao		ban	ben	bang	beng		bi		biao
	p	pa	po					pai	pei	pao	pou	pan	pen	pang	peng		pi		piao
	m	ma	mo	me				mai	mei	mao	mou	man	men	mang	meng		mi		miao
	f	fa	fo						fei		fou	fan	fen	fang	feng				
舌尖音	d	da		de				dai	dei	dao	dou	dan	den	dang	deng	dong	di		diao
	t	ta		te				tai		tao	tou	tan		tang	teng	tong	ti		tiao
	n	na		ne				nai	nei	nao	nou	nan	nen	nang	neng	nong	ni		niao
	l	la		le				lai	lei	lao	lou	lan		lang	leng	long	li	lia	liao
舌根音	g	ga		ge				gai	gei	gao	gou	gan	gen	gang	geng	gong			
	k	ka		ke				kai	kei	kao	kou	kan	ken	kang	keng	kong			
	h	ha		he				hai	hei	hao	hou	han	hen	hang	heng	hong			
舌面音	j																ji	jia	jiao
	q																qi	qia	qiao
	x																xi	xia	xiao
そり舌音	zh	zha		zhe	zhi			zhai	zhei	zhao	zhou	zhan	zhen	zhang	zheng	zhong			
	ch	cha		che	chi			chai		chao	chou	chan	chen	chang	cheng	chong			
	sh	sha		she	shi			shai	shei	shao	shou	shan	shen	shang	sheng				
	r			re	ri					rao	rou	ran	ren	rang	reng	rong			
舌歯音	z	za		ze		zi		zai	zei	zao	zou	zan	zen	zang	zeng	zong			
	c	ca		ce		ci		cai		cao	cou	can	cen	cang	ceng	cong			
	s	sa		se		si		sai		sao	sou	san	sen	sang	seng	song			

介音 i						介音 u									介音 ü			
iou	ian	in	iang	ing	iong	u	ua	uo	uai	uei	uan	uen	uang	ueng	ü	üe	üan	ün
you	yan	yin	yang	ying	yong	wu	wa	wo	wai	wei	wan	wen	wang	weng	yu	yue	yuan	yun
	bian	bin		bing		bu												
	pian	pin		ping		pu												
miu	mian	min		ming		mu												
						fu												
diu	dian			ding		du		duo		dui	duan	dun						
	tian			ting		tu		tuo		tui	tuan	tun						
niu	nian	nin	niang	ning		nu		nuo			nuan				nü	nüe		
liu	lian	lin	liang	ling		lu		luo			luan	lun			lü	lüe		
						gu	gua	guo	guai	gui	guan	gun	guang					
						ku	kua	kuo	kuai	kui	kuan	kun	kuang					
						hu	hua	huo	huai	hui	huan	hun	huang					
jiu	jian	jin	jiang	jing	jiong										ju	jue	juan	jun
qiu	qian	qin	qiang	qing	qiong										qu	que	quan	qun
xiu	xian	xin	xiang	xing	xiong										xu	xue	xuan	xun
						zhu	zhua	zhuo	zhuai	zhui	zhuan	zhun	zhuang					
						chu	chua	chuo	chuai	chui	chuan	chun	chuang					
						shu	shua	shuo	shuai	shui	shuan	shun	shuang					
						ru	rua	ruo		rui	ruan	run						
						zu		zuo		zui	zuan	zun						
						cu		cuo		cui	cuan	cun						
						su		suo		sui	suan	sun						

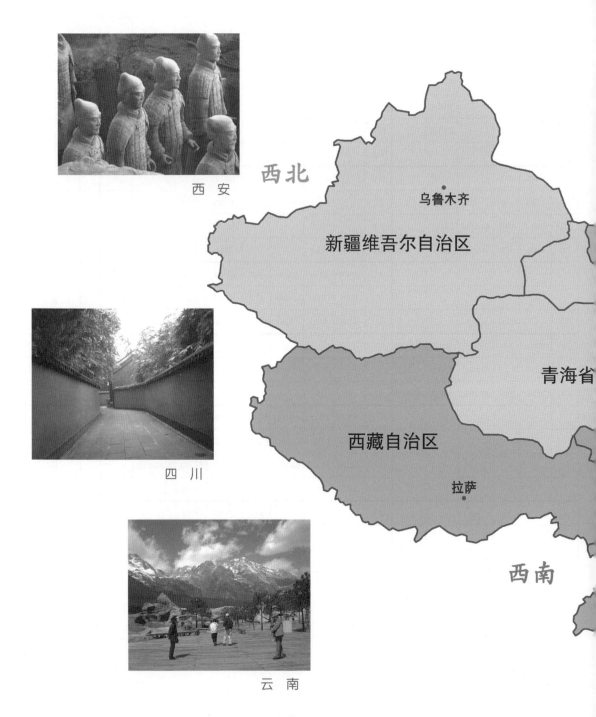